Hermann Janson
AD 2050

Hermann Janson

AD 2050
Europäisches Kalifat

Eine satirische Vision

Münster Verlag

Impressum

© 2014 Münster Verlag Basel

Alle Rechte vorbehalten.
Kein Teil dieses Buches darf ohne schriftliche Genehmigung des Verlags reproduziert werden, insbesondere nicht als Nachdruck in Zeitschriften oder Zeitungen, im öffentlichen Vortrag, für Verfilmungen oder Dramatisierungen, als Übertragung durch Rundfunk oder Fernsehen oder in anderen elektronischen Formaten. Dies gilt auch für einzelne Bilder oder Textteile.

Lektorat: Christine Krokauer, Würzburg
Gestaltung und Satz: Christoph Krokauer, Würzburg
Druck und Einband: CPI books GmbH, Ulm
Verwendete Schriften: Adobe Jenson Pro
Papier: Umschlag, 135g/m², Bilderdruck glänzend, holzfrei;
Inhalt, 90g/m², Werkdruck bläulichweiss, 1,75-fach, holzfrei

ISBN 978-3-905896-52-7
Printed in Germany

Personen

Die Verstorbenen
Gustav Jost (1953–2050), Schweizer Diplomat
Andrea Jost (1956–2030), Schwester von Gustav, Ehefrau von Ernst Herzog
Ernst Herzog (1955–2030), Ehemann von Andrea Jost

Die Lebenden
Martin Jost (*2000) Adoptivsohn von Gustav Jost
Ferdinand Herzog (*1980) Sohn von Ernst und Andrea Herzog
Maria Elmer (*1983) Tochter von Ernst und Andrea Herzog
Axel Elmer (*1980) Ehemann von Maria, geb. Herzog
Julian Elmer (*2015) Sohn von Axel und Maria Elmer
Sabine Winkler (*1980) gesch. Ehefrau von Gustav Jost
Lisa von Lerchenfels (*1958) Lebensgefährtin von Gustav Jost
Delinda Maturo (*2015), gesch. Malt, zeitw. Mätresse von Martin Jost

Des Weiteren
Friedrich Wilhelm Freiherr von Hinterwalden, Gutsbesitzer in der Mark Brandenburg
Hans-Werner Schultes, Manager in Wolfsburg
Mohamed Ali, Statthalter des Gross-Emirats Rum
Lutfi Effendi, Minister des Islamischen Kalifats, Istanbul

Federico Richter, Staatspräsident von Brasilien
Serafino Maturo y Aurujo, Vater von Delinda, Gutsbesitzer in Bahia/Brasilien
Antonio Sebastino, Gutsbesitzer in Bahia/Brasilien

Prolog

‹Im Namen von Allah, dem Allmächtigen und Barmherzigen ...!› beginnen Mitte des 21. Jahrhunderts so ziemlich alle Texte auf den Lesegeräten der Bürger von Rum, dessen Grenzen nahezu identisch sind mit denen des Römischen Reichs der Antike nördlich des Mare Nostrum der Cäsaren, jetzt Binnengewässer des Islamischen Kalifats. Offiziell benennt die junge moslemische Grossmacht ihre zisalpinische Verwaltungsregion Gross-Emirat Dar-el Dzimmi*. Umgangssprachlich griffiger hat sich Rum† eingebürgert, welche beiden Bezeichnungen kecke Jecken zwischen Rhein und Elbe schon mal zum Kürzel DDR zusammenzogen. Spasseshalber und ungestraft.

‹Im Namen von Allah, dem Allmächtigen und Barmherzigen ...!› steht nicht nur eingangs amtlicher Schreiben. Auch im privaten Schriftverkehr trägt die fromme Floskel gern jener Political Correctness Rechnung, die den mehrheitlich zum Islam konvertierten Untertanen ein stets betontes Anliegen ist. Im persönlichen Umgang genügt dagegen das artige ‹Allah huakbar› womit der Grüssende in knappen Worten dem Allerhöchsten die Ihm gebührende Ehre erweist, auf dass ER nicht

---

* arabisch (wörtlich): Tal der Schutzbefohlenen
† arabische Bezeichnung im frühen Mittelalter für das (Ost-)Römische Reich

übersieht, seine schützende Hand auch über die braven Menschen von Rum zu halten.

‹Alles halb so schlimm›, meint selbst die immer noch zahlreiche Minderheit Andersgläubiger und Atheisten auf dem Boden der einstigen Europäischen Gemeinschaft, wo kaum noch jemand den verblichenen Nationalstaaten eine Träne nachweint, geschweige denn dem Euro, der jämmerlich gescheiterten Gemeinschaftswährung.

‹Im Namen von Allah, dem Allmächtigen und Barmherzigen …!› führt auch die Inhalte der – von modernen Pädagogen im Geist moslemischer Vordenker – hierzulande in der Amtssprache Englisch verfassten Schulbücher an. Im Fach Geschichte wird den Enkeln von Briten, Franzosen, Italienern, Niederländern und natürlich Deutschen über ihrer Vorfahren Dasein nur wenig Wissen vermittelt. Lernen sollen sie hingegen vor allem, auf welche Weise ihren Eltern in deren jungen Jahren die Segnungen des Kalifats zuteil wurden. Im Vordergrund steht, wie die erfreulichen geopolitischen Umwälzungen der letzten Jahrzehnte das Leben der Leute von heute prägen.

Nur ganz nebenbei Erwähnung findet das traurige Los von Bewohnern der Landschaften ausserhalb des Kalifats, die ihr Leben noch immer ohne allahgefällige, korankonforme Gesetze fristen müssen. Vorerst wenigstens.

Da gibt es jene seit Beginn der Neuen Eiszeit grimmiger Kälte ausgesetzten Völker des ganz hohen Nordens: Über Schotten, Waliser und Iren der RASU, Royal Anglo Saxon Union, herrscht König George VII., Sohn Williams V. aus dem Hause Windsor. Selbigen Monarchen als ihr gütiges

Staatsoberhaupt erkennen auch Kanadier, Australier und Neuseeländer an. Aus kalifischer Sicht handelt es sich beim Volk der RASU durchweg um entschuldbar Andersgläubige und Atheisten, aber keine Ungläubigen.

Ähnliche Toleranz seitens des Kalifats geniessen die armen Teufel der mit RASU verbündeten ‹Säkularen Skandinavischen Union SSK›. Isländer, Norweger, Schweden und Finnen – bei Dauerfrost bar jeden Funkens göttlicher Wärme und Inspiration.

Wie die genannten kalten Einöden sind auch noch weitere, weniger unwirtliche Zonen der Erde von Völkern besiedelt, die sich – noch – mehrheitlich dem Glauben an Allahs Allmacht entziehen, so etliche Millionen bedauernswerter Russen, Chinesen und Inder mit Ausnahme von Einigen, denen Allah Erleuchtung schenkte wie Tschetschenen, Uiguren, Pakistani und Bengali.

Jenseits des Atlantiks werden die einst so überheblichen Vereinigten Staaten schon lange weder weltpolitisch noch wirtschaftlich als Konkurrenten ernst genommen. Ihre bunt zusammengewürfelte überwiegend dunkelhäutige Bevölkerung hat unter dem Regime links-populistischer Diktatorinnen und Diktatoren ihren Lebensstil dem von Lateinamerika weitgehend angeglichen. Ganz anders die strebsamen und disziplinierten Japaner, Koreaner, Taiwanesen, Thailänder und Vietnamesen. Seit Jahrzehnten basteln sie an einer Südostasiatischen Union, finden aber politisch keinen gemeinsamen Nenner, was indes kaum jemanden bekümmert, solange sie wirtschaftlich recht gut aufgestellt sind. Ohnehin gibt ihnen ihr Glaube auch ohne Gottheiten eine Menge moralischen Rückhalts; genug, um sich nicht bedrohlich in die Quere zu kommen mit den Nachbarn Malaysia und Indonesien, ihrerseits politisch unabhängige, aber mit dem Kalifat alliierte moslemisch geprägte Staaten. Dem Beispiel der Grossmacht folgend beschränkt sich deren Unterstützung immer wieder aufflackernder Autonomiebestrebungen minderheitlicher Glaubensbrüder im Südwesten von China, dem Süden Thailands und auf den Philippinen auf verbale Bekenntnisse. Dem Kalifat reicht es vorerst, dass in jenen Regionen allfällige Unruhen nur auf schwacher Flamme köcheln.

Nordkoreas Diktator hat bei der chinesischen, nominell noch immer dem Kommunismus huldigenden Führung Unterschlupf gefunden. Um sein ganzes Volk nicht verhungern zu sehen, lieferte der letzte Kim Sung sein Waffenarsenal einschliesslich Atomprogramm an Peking aus. Eine Randnotiz zur Geschichtsschreibung des Kalifats.

Im Fach Geografie lernt der Schüler, dass von Grenoble im Westen bis Graz im Osten die Alpen das Gross-Emirat in zwei Hälften trennen. Politisch entzieht sich das Gemeinwesen der dort ansässigen Bergvölker – Souveräne Alpen Union, S.A.U. – jedweder kalifischen Beeinflussung. Nach Art der dominierenden Schweizer Eidgenossen artikuliert sich das gemeine SAU-Volk in direkten Wahlen, Volksbegehren und Initiativen durch einfache Mehrheit der Stimmen. Getroffene Entscheide haben gleichermassen gewählte Volksvertreter in Gesetze zu fassen und umzusetzen.

Die Eigenständigkeit der eidgenössischen Starrköpfe toleriert das Kalifat, amtlich des lieben Friedens Willen, hinter der vorgehaltenen Hand, weil Rums Schwerverkehr das Durchqueren des souveränen Gebirges mittels schneller unterirdischer Schienenwege anstandslos gestattet wird. Gestützt auf bilaterale Verträge, darf sich überdies die kalifische Wirtschaft alpiner Spitzentechnologie bedienen, wogegen den agilen Berglern Zugang zu den Märkten des Gottesstaates und die Einreise mit zeitlich begrenztem, jederzeit elektronisch zu ortendem Visum gewährt wird.

Dass die Verantwortlichen des Kalifats Risiko und Aufwand eines gewaltsamen Eingriffs in die Unabhängigkeit der Eidgenossen unter den topografisch widrigen Umständen scheuen, wird unter den Teppich gekehrt, droht den selbsternannten Hütern des Weltfriedens doch kein Gesichtsverlust, nur weil sie den Zwerg in ihrer Mitte gewähren lassen. Zur Erklärung des zentralen weissen Kleckses im schier unendlichen Grün der politischen Landkarte reicht eine Fussnote.

Ausführlich hingegen lehren die auf virtuellen Tafeln bequem herunterzuladenden Geschichtsbücher von Rum, wie es zum Triumph des Islam über das christliche Abendland kam. Dazu wird in wenigen Sätzen auf die verheerenden Kriege während der ersten Hälfte des vorigen Jahrhunderts verwiesen, mittels derer sich die europäischen Nationen selbst zerfleischt und damit um die von ihnen vierhundert Jahre behauptete Weltherrschaft gebracht hatten.

Es folgt in epischer Breite – wenn auch recht sachlich – die Darstellung aller Umstände, die zwischen 2015 und 2025 zur Ablösung abendländischer Gewalt und Anarchie durch die nachhaltig friedliche Weltordnung des Propheten Mohammed führten.

Hatten nach dem Zusammenbruch der UdSSR um 1990 christlicher Zeitrechnung die demokratischen Wohlfahrtsstaaten beiderseits des Nordatlantiks global noch unangefochten den Ton angegeben, wurden sie zu Beginn des gegenwärtigen Jahrhunderts von heftigen Finanzkrisen geschüttelt. Der amerikanische Dollar so gut wie wertlos, die europäische Einheitswährung für chronisch defizitäre Mittelmeeranrainer untauglich, gängige Sozialsysteme im Zuge fortschreitender Überalterung der Bevölkerung unbezahlbar – blieb staatlich verordneten, rigorosen, für die Menschen schmerzhaften Sparprogrammen der Erfolg versagt. Immer häufiger kam es – nicht allein in den Strassen der Metropolen – zu blutigen Zusammenstössen zwischen Demonstranten und Sicherheitskräften. Soziale Verwerfungen waren vorprogrammiert. Der faule Duft von Anarchie hing in der Luft.

Kritischen Quellen zufolge frass sich, verheerend wie ein Krebsgeschwür, durch die politische Landschaft der Europäischen Union der rot und grün gefärbte sogenannte Oeko-Sozialismus. Marktorientierte Skeptiker orteten darin eine mit hehren Zielen zum Schutz der Natur verschalte Abart des Marxismus. Auf den Rädern von Inflation und Arbeitslosigkeit nahm der von links gesteuerte Gespensterzug unaufhaltsam an Fahrt auf und machte nicht einmal Halt vor Deutschland, dem wirtschaftlich erfolgreichsten Segment der Staatengemeinschaft. Als ungeliebtes Konstrukt krebste die EU trotz allgegenwärtigen Niedergangs von Handel und Wandel noch eine Weile vor sich hin, bis ihr vor Ende der zweiten Dekade des 21. Jahrhunderts vollends die Puste ausging.

Wählermassen von rechts bis links verweigerten sich den hilflosen Politikern. Selbstgerechte Deutsche, sparsame Holländer; wendige Finnen wollten sich nicht länger von leichtlebigen Südländern in die Taschen greifen lassen und für deren in Paris, Rom, Lissabon, Madrid und Athen munter weitersprudelnden Staatsschulden aufkommen. Parteien und Gewerkschaften gingen die Argumente zu Nächstenliebe, grenzüberschreitender Brüderlichkeit und Solidarität aus, dies auch im Hinblick auf die immer heftiger an den Gestaden der Mittelmeeranrainer als Asylsuchende um Einlass nach Europa nachsuchenden Wirtschaftsflüchtlinge aus Afrika. Nicht hilfreich für den Arbeitsmarkt, drifteten sie in die Kriminalität oder belasteten zumindest die Netze der Sozialleistungen. Alle Versuche, der Flut Herr zu werden, waren gescheitert.

2021 erklärte sich der Freistaat Bayern für unabhängig. Andere deutsche Bundesländer folgten auf dem Fuss. Die Stadtrepubliken Hamburg, Bremen und Berlin verschmolzen mit benachbarten Flächenstaaten zwischen Harz, Nord- und Ostsee zum ‹Hansaland›. Im Herzen der ehemaligen Bundesrepublik fusionierte Brandenburg mit Sachsen und Thüringen. Den aufrechten Demokraten Germaniens gab bei alledem die emotionslose Statistik der Demografie noch eine Nuss besonders harter Schale zu knacken. Die türkischstämmige Wählerschaft der Moslemischen Partei Deutschlands, MPD, hatte mit der Zeit im politischen Spektrum deutlich an Gewicht gewonnen. Zu Lasten etablierter Gruppierungen stieg sie bei einem regionalen Zensus nach dem anderen, dann 2023 bei der Bundestagwahl zur stärksten politischen Kraft auf. Den siegreichen Anhängern des wahren Glaubens dienten sich als geneigte

Mehrheitsbeschaffer jene Parteifreunde an, welche eigentlich nicht wegen der Farbe des Propheten als Grüne firmierten, sondern heimischen Baumwipfeln, Wiesen und Äckern naturverbunden waren.

Das deutsche Beispiel machte bei anderen Mitgliedern der Europäischen Union prompt Schule, ausgehend vom Übergewicht der Nachkommen moslemischer Immigranten aus ehemals britischen Kolonien in London, Liverpool und Manchester, den Abkömmlingen von Marokkanern, Mauretaniern, Algeriern und Tunesiern in den Vorstädten von Paris, Marseilles, Lyon und Bordeaux, den illegal Eingewanderten aus Ägypten, Libyen und Somalia, die nicht nur Italiens Städte von Mailand bis Palermo überquellen liessen, sowie Nachkommen kinderreicher Flüchtlinge aus den orientalischen Konfliktgebieten.

Genau dort – im Nahen Osten – aber tauchte alsbald der berühmte Silberstreifen am Horizont auf, Wegbereiter einer neuen, friedlichen Weltordnung. War doch der seit mehr als einem halben Jahrhundert schwelende, lange für unlösbar gehaltene Zwist um den Besitz Palästinas im Jahr des Herrn 2020 zu einem Relikt der Geschichte geworden.

Und so wünschte die Obrigkeit des Gross-Emirats Rum dieses Wunder dargestellt: ‹Wutschnaubend hatte man als wahrer Moslem zwischen Atlantik und Indus, der Sahara und den Stränden des Mittelmeers einst zusehen müssen, wie den Glaubensbrüdern in Palästina von Spätimperialisten jüdischer Provenienz die Heimat entrissen, Hab und Gut gestohlen wurde. Die zionistischen Neo-Kolonialisten hatten sie brutal über den Jordan vertrieben, auf arabischem Grund und Boden ihren Staat Israel mit dem Argument errichtet, dies sei das Land ihrer

Väter. Wegen des vorausgegangenen Holocaust – dem gegen Mitte des vorigen Jahrhunderts gescheiterten Versuch eines deutschen Diktators, das Judentum blutig auszurotten – von Scham und Reue geschüttelt, verkamen die christlichen Mächte beiderseits des Atlantiks zu Handlangern der Zionisten. Die Vereinten Nationen erwiesen sich als zahnlose Papiertiger mit nichts als fadenscheinigen Resolutionen, wenn es um massive Interventionen zur Durchsetzung von Gerechtigkeit ging. Grund genug für eine entschlossene Selbsthilfe der Betroffenen nach nunmehr siebzig Jahren mit dem Ziel der Errichtung eines geeinten moslemischen Gottesreiches, stark und mächtig wie ehedem.

Vom Einfall der Mongolen bis zum Ende der Fremdherrschaft durch die Kolonialmächte hatten Jung wie Alt zwischen Indischem und Atlantischem Ozean von der Blütezeit des Islam unter den Nachfolgern des Propheten Mohammed nur träumen dürfen, sich zurückgesehnt ins schöne, frühe Mittelalter. Mit der zögerlichen Wiedereinführung etlicher nationaler, auf Scharia fussender Rechtsordnungen um die Jahrtausendwende war es nicht getan, ebenso wenig mit jenem arabischen Frühling, dem nur ein wirtschaftlich dürrer Sommer mit sengender Hitzewelle gefolgt war. Glanz und Gloria blieben weiterhin aus und somit sehr gefragt.›

Also dachten kluge Köpfe aus dem Umfeld der Arabischen Liga nach und machten sich ans Werk. Zunächst überzeugten sie die Machthaber der wirtschaftlich starken Türkei von den Vorteilen der Schaffung eines gemeinsamen Herrschaftsgebietes unter der Fahne des Propheten. Nach all den dunklen Machenschaften von Moslembrüdern, Hisbollah, El Quaida und anderen endlich Licht am Ende des Tunnels! Die Mehrzahl redlicher Scheichs, Muftis und Imame spielte mit.

Nach hitzigem Palaver entstand das Islamische Kalifat, ein Staatsgebilde mit dualer Spitze in zwei Hauptstädten, Istanbul und Kairo. Am Bosporus wurde der Topkapi-Palast, zukünftiger Sitz des Kalifen als nominellem Staatsoberhaupt, gründlich renoviert. In den umliegenden Amtsstuben nahmen Fachministerien unter der Leitung explizit türkischer Wesire ihre Arbeit auf. De facto bestimmte diese Exekutive, wo es langzugehen hatte. Des gebotenen Ausgleichs wegen gab es am Nil unter Vorsitz des Sheich-ul-Islam, Rektor von Al Azhar, eine Legislative. Dem dortigen Kollegium der Schriftgelehrten, Ulema, oblag es, die Gesetzesvorgaben aus Istanbul im Sinne der Scharia mit dem Siegel rechtlicher Unbedenklichkeit zu versehen. Dermassen veredelt, waren sie vom Kalifen mittels Fatwa in Kraft zu setzen. Eine ihren Wünschen entsprechende Gesetzgebung war somit den gewieften Türken gewiss. Allein durch ihre Hände glitten die Fäden der Beamtenwillkür. Sie allein brachten Kandidaten für gewichtige Posten ins Spiel. Als Feigenblatt der Mitbestimmung waren die hohen Posten der Wesire von der Gemeinschaft der Gläubigen durch geheime Wahl zu besetzen. Das gemeine Volk futterte, was ihm vorgesetzt wurde, womit der Schein gewahrt blieb, dass neben der gottgefälligen Obrigkeit auch Ali Hinz und Zaida Kunz an der Macht beteiligt wurden.

Im moslemischen Lager war die Erleichterung zu spüren, kannte der Jubel bald keine Grenzen. Widerstandslos traten nationale Regierungen zurück, sah doch der Koran den Islam politisch wie religiös als unteilbare Einheit vor – ex tunc, seit eh und je! Bisherige Monarchien wie Marokko und die Golfstaaten beliess man ihren willigen Herrschern zur Wahrung lokalen Brauchtums als begrenzt autonome Emirate. Die um ihre Pfründe bangenden Abkömmlinge der Familie Saud dagegen wurden stillschweigend entsorgt, ihr Wüstenreich zu einem der Kernländer des Kalifats erklärt.

Was das hehre Amt des Kalifen und seine Besetzung anging, einigten sich die Architekten des wiedererweckten Gottesstaates listigerweise auf den letzten noch als Souverän amtierenden Spross der Haschemiten, leitete der sich doch in direkter Linie von Haschem ab, Urgrossvater des Propheten Mohammed, dessen Nachfahren bis 1924 die Verwaltung der Heiligen Städte Mekka und Medina anvertraut gewesen war, bis sich Nachbar Ibn Saud diese unter den Nagel gerissen und sie brutal verdrängt hatte.

Im Jahre 2018 christlicher Zeitrechnung hatte Abdullah Ibn Hussein, bislang König von Jordanien, den Kalifenthron bestiegen, ein Sunnit. Die Rechtsgelehrten von Al Azhar behielten seine für eine Nachfolge geeigneten Angehörigen im Auge. Zu gegebener Zeit würde man über die Person des nächsten Kalifen mit dem Chef-Ayatollah im persischen Ghom übereinkommen, doch der dürfte kaum in der Lage sein, einen schiitischen Gegenkandidaten aus dem Hut zu zaubern, der im Blut des Propheten höher stände. Und nur das zählte für die nicht nur in Persien zahlreichen Anhänger der Schi'a-Partei des vor bald anderthalb Jahrtausend Jahren ermordeten Kalifen Ali, Vetter und Schwiegersohn Mohammeds.

Dank dieses Geniestreichs hatte sich eine Annäherung von Sunniten und Schiiten angebahnt. War der Kalif zwar kein direkter Nachkomme des Propheten Mohammed, so war er doch mangels der Existenz eines solchen wenigstens einer von dessen Urgrossvater. Selbstredend anerkannte Abdullah die Legitimität schiitischer Märtyrer und Imame, des Propheten leiblicher Enkel Hassan und Hussein, ihre sieben mittelalterlichen Nachfolger, ebenso feierlich wie die Erwartung eines Mahdis als Endzeit-Erlöser.

Einer Allianz des Kalifats mit dem Iran stand nichts mehr im Weg. Die Perser und ihre Glaubensbrüder in den Nachbarländern waren es leid, immer wieder als Abtrünnige gescholten und von ihren frömmelnden Mullahs in einen blutigen Konflikt nach dem anderen gescheucht zu werden. Überdies sollte Ghom zur dritten Hauptstadt des Reiches, der Chef-Ayatollah einstimmig zum Garanten persischer Autonomie erklärt werden. Wenn auch im Freitagsgebet ausschliesslich der Name des Kalifen ertönte, verstanden sich Sunniten und Schiiten in religiösen Fragen bald so leidlich wie Katholiken und Protestanten in der christlichen Ökumene.

Vom Atlantik bis zum Indus, von den Quellen des Nils bis an den Bosporus war in der Tat eine neue Weltmacht entstanden; zwar auf Frieden bedacht, aber vorerst noch ohne globalen Herrschaftsanspruch seitens Allahs und seiner modernen Protagonisten. Wohl aber brannten Letztere darauf, sich eines hässlichen Schönheitsflecks zu entledigen, des neo-kolonialistischen Israel.

Das Islamische Reich hatte sich zum wahrhaft mächtigen Gegenspieler des Judenstaates gemausert, dem dieser im Ernstfall militärisch kaum noch gewachsen gewesen wäre. Doch den Verantwortlichen im Kalifat war an einer besseren Option gelegen, als die Mischpoke mit Waffengewalt ins Meer zu jagen. Hatte man doch nicht umsonst roher Gewalt grundsätzlich abgeschworen! Also galt es, die Juden loszuwerden, ohne einen Schuss abfeuern zu müssen. Mit Zuckerbrot und Peitsche!, lautete das Gebot der Stunde.

Israel durch Sperrung aller Zugänge in der Luft und zu Wasser – die Landwege waren ohnehin abgeriegelt – den Hahn abzudrehen oder unter günstigen Bedingungen alles Kriegsmaterial zu vernichten: mit derlei kümmerlichen Alternativen warb das Kalifat um Zustimmung für ein ehrgeiziges Projekt. Nicht von ungefähr bat der Kalif schliesslich die neutrale Schweiz um Entsendung eines Moderators. Bundes-Bern, stets zu Diensten, zog den erwünschten Joker aus dem Ärmel. Als solcher gelangte ein Eidgenosse ins Spiel. Gustav Jost – in Istanbul als ehrlicher Makler keineswegs ein unbeschriebenes Blatt. Der spätere Friedensnobelpreisträger besass nämlich das von ihm selbst entwickelte Rezept, mit dem er nach monatelangem Feilschen in europäischen Metropolen, im Kreml und im Weissem Haus Gehör gefunden hatte, wie auch vor Pekings hellwachen Schlitzaugen. Die Ohren gespitzt wurden selbst in der israelischen Knesset, die in ihren Reihen längst keine Orthodoxen mehr dulden musste. Denen war schon in der vorigen Generation der Zulauf ausgeblieben. Ständiger Konfrontation mit den Arabern überdrüssig, sann die jüdische Jugend nach einem gescheiten Ausweg. Den wies nun der Schweizer Gustav Jost.

Inspiriert hatte ihn die Lektüre zweier Werke ausgerechnet jüdischer Schriftsteller. Der eine, Arthur Koestler, stammte aus

Ungarn, hatte die Wirren des Zweiten Weltkriegs überlebt und sich danach in England einen Namen von internationalem Ruf gemacht. Koestlers 1976 erschienenes Werk «The Thirteenth Tribe» verdankte Gustav Jost seine Kenntnis von dem im frühen Mittelalter an der unteren Wolga zu Macht und Wohlstand gekommenen Volk der Khasaren als Begründer des osteuropäischen Judentums. Bedrängt von zwei Seiten – dem christlichen Byzanz und dem islamischen Kalifat – hatte dessen Herrscher sich, gefolgt von seinen Untertanen, listigerweise zum jüdischen Glauben bekannt. Deren späte, über die Jahrhunderte gen Westen über Warschau und Budapest hinaus gewanderte Nachkommenschaft stellte die Mehrzahl der vermeintlich dem Stamm Davids entsprossenen Bevölkerung des modernen Staates Israel. Demnach hätten die Israeli in Palästina auch nach eigener Rechtfertigung nie etwas zu suchen gehabt.

Der andere Autor, Yuri Slezkine, hatte in seinem Buch «The Jewish Century» nachgewiesen, dass der Anschluss des Zarenreiches an das technische Zeitalter – wenn auch vor 150 Jahren relativ bescheiden ausgefallen – in erster Linie der Tatkraft russischer Juden zu verdanken gewesen war, wie deren spätere Verfolgung durch Stalins Schergen dann auch der Modernisierung Russlands zum Hemmschuh geriet.

Gustav Jost hatte beider Literaten Erkenntnisse zu gewichtiger Masse verschmolzen, daraus eine Wunderwaffe geschmiedet und sie kunstgerecht eingesetzt. Mit durchschlagendem Erfolg, wie sich bald herausstellte.

Auf seine Veranlassung, versehen mit dem einstimmigen Segen des Weltsicherheitsrats, wurde auf Mitte Mai 2020 eine internationale Konferenz zur Lösung des Nahostkonflikts in der Abgeschiedenheit der Schweizer Berge, genauer in das in arabischem Besitz befindliche Luxushotel auf dem Bürgenstock, einberufen. Diesmal sollten hoch über dem Vierwaldstätter See Nägel mit Köpfen gemacht werden.

Dieser Zielrichtung trug ein von Jost auf den Verhandlungstisch gelegter, aus wirtschaftlicher Not geborener Vorschlag der Russischen Föderation beispiellos Rechnung. Der Kreml bot allen aus der früheren Sowjetunion nach Israel ausgewanderten Juden als eindeutigen Nachkommen der Khasaren ihr ursprüngliches Siedlungsgebiet zwischen dem Kaspischem und dem Schwarzen Meer mit der Eigenständigkeit eines Teilstaates zur Heimstätte an.

Die russische Führung unter dem dualen Regime der Enkel von Wladimir Putin und Dimitri Medwedev gab damit zu erkennen, welch grosses Gewicht sie dieser Massnahme für ihr Land beimass, dessen Wirtschaft es nicht an Ressourcen, wohl aber innovativen Köpfen fehlte. Nachdrücklich genug hatte der Schweizer sie an den entscheidenden Beitrag erinnert, den jüdischer Witz und Wagemut schon bei der Schaffung von Infrastruktur im Zarenreich geleistet hatten. Grosszügig willkommen geheissen wurden auch aus Ost- und Mitteleuropa stammende Israelis, mutmasslich ebenfalls Nachfahren der Khasaren.

Im Gegenzug willigte das Kalifat ein, jüdischen Auswanderern aus Israel den Gegenwert ihres dortigen Grundbesitzes marktgerecht und in konvertibler Währung bar zu erstatten. Zugleich waren gut ausgebildete Hebräer, die lieber bleiben wollten, als Bürger des Kalifats willkommen. Ihnen wurden die gleichen Rechte zugestanden wie anderen, nicht-moslemischen

Bewohnern Palästinas. Gleich Christen und Atheisten hatten sie zwar eine vom Einkommen unabhängige Kopfsteuer zu entrichten, genossen aber den Schutz der Obrigkeit vor jeder Form von Diskriminierung.

Ihnen erhalten blieb, entsprechend den von der Ulema neuerdings paraphierten Normen des Djihad, die uneingeschränkte Nutzung selbst bewohnter und bewirtschafteter Anwesen, der Betrieb von Landwirtschaft, Industrie, Handel und Gewerbe, desgleichen die Ausübung unselbständiger Tätigkeiten bis unterhalb der Vorstandsebene. Nur letztere waren, wie alle höheren Staatsämter in Verwaltung und Justiz, Moslems vorbehalten – einschliesslich Konvertiten.

Von unerwarteter Seite kam ein gewichtiges Versprechen hinzu. Die in den USA auf Grund ihrer aussergewöhnlichen Geschäftstüchtigkeit von Abstieg und Verfall verschont gebliebenen jüdischen Eliten erklärten sich bereit, dem noch recht finanzschwachen Moslemstaat die Kosten der Emigration von Israelis aus ihrem ehedem gelobten Land abzunehmen. Statt wie bislang Geld für Waffen bereitzustellen, wollte die amerikanische Jewish Agency der Region Palästina mit einer Art Marshall-Plan der kalifischen Region Palästina wirtschaftlich auf die Beine helfen.

Ein Abfluss der Mehrheit von Israelis, verbunden mit dem Zufluss von Investitionen, erwies sich als eindeutig bestes Mittel, die bisherigen Gegensätze in kürzester Zeit zu entschärfen. Aus verhassten Imperialisten wurden angesehene Mitbürger. Wer Unterprivilegierten etwas zu beissen gibt, ist eben kein schlechter Mensch! Das multi-ethnische Palästina konnte nun mithalten, neben der Türkei, dem Irak, Ägypten, Libanon,

Syrien und Arabien zu einem aufblühenden Kernland des Kalifats aufzusteigen und auch nicht-moslemischen Minderheiten die Aussicht auf ein friedliches Dasein zu ermöglichen.

Die Konferenz über dem Vierwaldstätter See wurde ein voller Erfolg, ihr Ergebnis der grosse Wurf. Die dauerhafte Festigung des Weltfriedens war auf ganzer Linie erreicht. Für die einhergehende, nicht minder nachhaltige Stärkung des politischen Islam fanden die Schulbuchautoren allerdings anderswo eine plausiblere Erklärung: seinen Durchbruch zur führenden Weltmacht verdankte das Kalifat allein Allahs Wunsch und Willen! Warum nicht? Wenigstens hatte der Allmächtige und Barmherzige dafür Sorge getragen, dass die Söhne des Satans über Nacht zu Verteilern Ihm wohlgefälliger Almosen mutierten, allseits beliebten Aufbauhelfern.

Allerdings wusste im Gegensatz zu den glücklichen Arabern von Palästina anderswo bis zum Jahr 2025 noch niemand so recht, was für die Zukunft von den neuen Machtverhältnissen zu halten war. Erstaunlicherweise bereitete das niemandem Kopfzerbrechen. Jedermann dachte zuerst einmal an die Befriedigung eigener Bedürfnisse, sodann die seiner Familie, begünstigte doch in den westlichen Wohlfahrtstaaten das allgemeine und gleiche Wahlrecht noch immer die Mehrheit der Nehmenden gegenüber einer Minderheit von Gebenden, bis eines Tages auch bei Wohlhabenden nichts mehr zu holen war. Hatte in der Alten Welt die Verdrossenheit mit den Spielregeln der Politik schon früher um sich gegriffen, führte deren Versagen nun zum Konkurs der demokratischen Systeme.

Waren die hehren Ideale der Französischen Revolution schon seit Anbeginn eitel Schall und Rauch gewesen, konnte von Einheit, Gleichheit und Brüderlichkeit in ganz Europa längst nicht mehr die Rede sein. Schliesslich war der demokratische Spuk endgültig vorbei. Hatten nicht einmal die nationalen Volksgemeinschaften Bestand, war das Aus für die EU vorprogrammiert.

Nach der Bundesrepublik zerfielen dicht aufeinander Frankreich und Spanien in ihre historischen Bestandteile. Schottland und Wales verabschiedeten sich aus Grossbritannien und der EU, gefolgt von Irland. Italien zog nach, mit hässlichen Folgen für das Mezzogiorno. In ihrer Not versuchten nunmehr selbständige Regionen, bis ins Mittelalter zurückreichende alte Traditionen wiederzubeleben.

Im politischen Wirrwarr der neuen Kleinstaaterei gelang es bereits bestehenden und flugs neu hinzu gegründeten islamischen Vereinigungen, ihre Leute in die Spitzengremien der sich als Grüne plakatierenden politischen Gruppierungen zu schleusen. Die moslemischen Schlauköpfe brauchten nicht lange, um ihre arglosen, un- oder andersgläubigen Koalitionäre aus den Führungsgremien hinauszudrängen. Die gemeinsame grüne Flagge flatterte den als Atomkraftgegner und Bio-Fanatiker kostümierten, alteingesessenen Proletariern ebenso voran wie der anschwellenden Zahl schnauzbärtiger und kopftuchtragender Parvenüs, ihres Zeichens jetzt Allahs und des Propheten Mohammed politische Sachwalter.

Anno 2020 hatte vor den Trägern verschieden grüner Banner noch ein gutes Stück Weges bis zu ihrem Ziel der legalen Machtübernahme gelegen, war ihre unheilige Allianz auf ein endgültiges Debakel der alten Strukturen angewiesen geblieben. Sie brauchten dazu jedoch nicht einmal selbst Hand anzulegen.

Finnland, Schweden und Dänemark kehrten 2022 der EU den Rücken. Ihr Austritt wirkte auf die gemeinschaftlichen Institutionen lähmend. Die hohe Kommission, das Europaparlament und alle angegliederten Institutionen wie der Menschenrechtsgerichtshof stellten ihren Betrieb ein. Tausende prächtig verdienender Bürokraten verloren über Nacht ihre Stellung. Die meisten von ihnen gliederten sich daheim in das Heer der Arbeitslosen ein.

Ohne die Klammer der Europäischen Gemeinschaft waren die verselbstständigten Regionen ebenso hilf- wie ratlos. Nach mühseligen Konsultationen sahen sie schliesslich im losen Kleinstaatenbund so etwas wie einen vorläufigen Ausweg. In Brüssel formierte sich ein Konsultativrat. Die jeweils stärkste Fraktion der Landesparlamente stellte zwei Abgeordnete in der mehrhundertköpfigen, unter rotierendem Vorsitz eines Primus inter Pares ständig tagenden Versammlung. Die Einrichtung führte zu nichts und brachte der Versammlung lediglich den Ruf einer teuren Schwatzbude ein.

Die teilweise winzigen Mitgliedsländer zeigten sich ausserstande, den Ansprüchen ihrer Bürger auf ein halbwegs erträgliches Leben zu genügen. Mit wachsender Anarchie breitete sich der Wunsch nach einer starken Obrigkeit aus. Wie sonst waren Hungersnot und gewalttätige Unruhen einzudämmen?

In letzter Not unterstützten die überwiegend grün-moslemisch geprägten Regionalparlamente eine gemeinsame Initiative ihrer Gesandten im Konsultativrat. Diese beinhaltete eine Fusion der Länder mit dem Kalifat, Verzicht auf volle Souveränität gegen Zusicherung eines mit traditionellen Rechten ausgestatteten Status von ‹assoziierten› (anstelle von ‹unterworfenen›) Völkern. Das Wort vom ‹Anschluss› machte die Runde und wurde von den betroffenen Bürgern genau so bejubelt wie ein knappes Jahrhundert zuvor die Aufnahme Österreichs in das grossdeutsche Reich.

2027 hatte der grössere Teil von Europa ein für alle Mal bei jener auf Wüstensand gebauten Weltmacht Unterschlupf gefunden, die mit Afghanistan an China grenzte, von Russland nur durch den katholischen Pufferstaat Polen mit seinem aus Italien vertriebenen Papst als nominellem Oberhaupt getrennt war, im Norden an die Ostsee, im Westen an den Atlantik beziehungsweise die der RASU zugehörigen Reste Grossbritanniens, Schottlands, Wales' und Irlands stiess. Auf dem Schwarzen Kontinent vereinte das gemeinsame Vertrauen in Allahs Allmacht und Barmherzigkeit unter der Fahne des Kalifen die südlichen Mittelmeeranrainer, Mauretanien, Mali, Sudan und Somalia.

Es verstand sich von selbst, dass die Flut illegaler Migranten durch stringente Massnahmen der kalifischen Behörden unterbunden wurde und stillschweigend verebbte, womit sich die neuen Machthaber der Abwendung einer Gefahr mit unübersehbaren Folgen für ihre europäischen Untertanen rühmen konnten, was dann auch der nachwachsenden Generation als Errungenschaft vermittelt wurde.

Für den Unterricht an allen Gymnasien in Rum amtlich vorgeschrieben, schliessen die elektronisch aufgearbeiteten Geschichtsbücher inhaltlich mit dem Jahr 2028 ab. Seither erscheinen halbjährliche Ergänzungen, deren Herunterladen auf PC, Tablet oder Smartphone seitens der Obrigkeit empfohlen wird.

Auch von virtuellen Medien sind solche Upgrades laufend herunterzuladen.

Immerhin gilt eine unbeschränkte Pressefreiheit, in der sich Journalisten nach Lust und Laune austoben können und nur zur Rechenschaft gezogen werden, soweit sie wissentlich Unwahres berichten. Wie inzwischen überall, sind die Medien schlicht und ergreifend ohne Reklame gegen volkstümliche Gebühren, mit Werbung kostenlos anzuklicken.

‹Alles halb so schlimm!›, damit fanden sich selbst die Nachkommen jener Nationen mit ihrem Schicksal ab, denen im Lauf von knapp hundertfünfzig Jahren ihre überseeischen Kolonien abhanden gekommen waren, denen schlussendlich auch daheim die Zügel entglitten. Hatten sie doch nun weder die Folgen des von den Urgrossvätern verschuldeten Zerfalls ihrer Weltreiche zu verantworten noch auf lieb gewordene Bequemlichkeiten zu verzichten.

Besser Frieden unter dem Joch des in zivilen Angelegenheiten toleranten, von Waffen freien islamischen Kalifats, als Krieg zwischen verfeindeten Mächten! Lieber Ruhe und Ordnung unter einer milden Diktatur, als politische Freiheit bei ständiger Gefahr für Leib und Leben! So lautete mehrheitlich die Devise vor allem der jüngeren Leute von Rum. Aber auch die Alten haben sich damit abgefunden, dass Begriffe wie Menschenrechte und soziale Gerechtigkeit aus dem gängigen Wortschatz verschwunden sind. Die Vokabel Nächstenliebe findet noch Verwendung, wird aber nur auf das unmittelbare familiäre Umfeld bezogen, Rücksichtnahme auf Belange und Befindlichkeiten auch fremder Mitmenschen allerdings noch gross geschrieben. Achtung und Respekt vor dem Recht Dritter drückt sich bei

Zuwiderhandlung in teilweise empfindlichen Strafen aus. Nach Meinung der überwiegenden Mehrheit vorteilhafter, als einer Kriminalität ausgesetzt zu sein, wie diese dank allzu lauer Strafverfolgung im zurückliegenden demokratischen Zeitalter ausufern konnte! Heute war man nicht nur in Rum, sondern überall im Kalifat sicher vor Bösewichtern aller Couleur. Attentäter und Terroristen gab es mangels politisch oder religiös verbrämter Antriebe gleichfalls keine mehr – so jedenfalls hat es den Anschein. Eine schöne, behagliche Welt, in der man als Jude, Christ oder Atheist lebt, selbst unter Inkaufnahme der Herrschaft des Islam!

Was sich ausserhalb des Kalifats tut, interessiert nur wenige, schon weil die Medien in Rum kaum davon Notiz nehmen. Einiges gelangt dennoch in die Berichterstattung: So zum Beispiel, dass sich die Grossmächte im Jahr 2025 darauf geeinigt hatten, die UNO beizubehalten, obwohl die Weltorganisation in der breiten Öffentlichkeit als zahnloser Debattierclub gehandelt wurde. Im Sicherheitsrat bewahrten die USA, Russland und China ihre ständigen Sitze. An die Stelle von England und Frankreich trat das Kalifat. Ein fünftes Mitglied stellen in jährlichem Turnus Indien und RASU. Vetorechte wurden abgeschafft. Infolge der erforderlichen Einstimmigkeit sind Beschlüsse von dem guten Willen der Mitglieder abhängig, gemeinsamen Konsens zu finden.

Afrika ist im Sicherheitsrat nur indirekt vertreten, gilt doch die nördliche, in die Sahara hineinreichende Hälfte als islamisiert und zählt zum Einflussgebiet des Kalifats. Weiter südlich dominieren als Vormacht chinesische Investoren. Eingeborene Schwarzafrikaner sind in Marionettenregierungen, der

Beamtenschaft und der UN-Vollversammlung gegenwärtig. An Letzterer dürfen sich auch die Vertreter der lateinamerikanischen Diktaturen wie jener südostasiatischer Länder artikulieren, die sich noch nicht in einem Block zusammenfinden konnten.

Alle Unterorganisationen, UNESCO, UNIDO, UNCTAT, UNICEF, WHO und wie sie alle firmierten, waren mangels zureichenden Verhältnisses von Aufwand und Nutzen schon zuvor ersatzlos gestrichen worden.

Immerhin fassten die Vereinten Nationen einen für die gesamte Menschheit wirklich bedeutungsvollen Beschluss. Er führte 2029 zum globalen Verbot der Herstellung, des Vertriebs und des Besitzes von Schusswaffen aller Art. Die im Sicherheitsrat vertretenen Staaten verpflichteten sich einstimmig – mit unterschiedlichen Übergangsfristen – zur Vernichtung jeglicher Bestände. Die Vereinbarung sollte für alle Mitgliedsstaaten verbindlich sein. Sie wurde von der Vollversammlung im Herbst desselben Jahres ohne Gegenstimme gut geheissen und auf Privatpersonen ausgedehnt. Nirgendwo in der Welt erhob sich Widerspruch, nicht einmal in den USA. Dennoch wurden umfangreiche Kontrollen beschlossen. Auf Zuwiderhandlung steht seither die unbedingte Todesstrafe. Jenseits der eingeräumten Fristen noch entdeckte staatliche oder private Waffenarsenale sind zu beschlagnahmen und unter Aufsicht zu vernichten, Verantwortliche zur Rechenschaft zu ziehen. Auch hier winkt der Strick.

Ob alle Grossmächte ihre Vorräte an atomaren Sprengköpfen tatsächlich vernichteten, wurde gar nicht erst untersucht. Weshalb sollte man sie – auf die Gefahr eines Gegenschlages hin – einsetzen? Diese politische Weisheit feiert bald ihren hundertsten Jahrestag. Seit Hiroshima und Nagasaki waren ausserhalb der Testgelände nirgendwo mehr Atombomben gezündet worden, selbst nicht zur Zeit der Grosseltern während der zweiten Hälfte des 20. Jahrhunderts unseligen Angedenkens.

Das Kalifat unterhält lediglich in der Türkei eine starke, mit Drohnen modernster Bauart und von China gekauften, in Nord-Korea vorgefundenen Atomwaffen bestückte Armee, deren Kommandeure sich aus allen moslemischen Reichsteilen zusammensetzen, um jeder Militärrevolte vorzubeugen. Man ist jedoch der internationalen Gemeinschaft im Wort, auch diese militärische Einrichtung abzuschaffen. Glücklicherweise hat sich Istanbul eine gehörige Übergangsfrist einräumen lassen. Weshalb sollte man sich also darum scheren oder ständig mit Wahlen beschäftigen?

Eigentlich waren die Menschen heilfroh, kaum noch gross mit politischen Entscheidungen behelligt zu werden, sich für diese oder jene Staatspräsidenten, Parteien, Parlamente, Koalitionen und Regierungen zu entscheiden. Wie die Alten sungen, hatten zu ihrer Zeit jene auch nur selten nach dem vorher Versprochenen gehandelt. Lediglich bei der alpinen SAU bewahrte man bei diesen Themen traditionelle helvetische Bockigkeit.

Virtuell perfekt unterstützt, war für die Betreuung der Bürger die Polizei als Freund und Helfer allgegenwärtig, gleichermassen ein Heer von Spitzeln. Aber diese fielen nicht auf, niemand kannte sie persönlich. Manchmal verschwanden in Rum Mitbürger, doch selten jemand aus der Familie, dem Freundeskreis. Es bedurfte keiner Klimmzüge, um als unbescholten zu gelten.

Man wusste zwar in etwa, wer im Lande das letzte Wort hatte. Doch der Gross-Emir brüstete sich nicht damit, entsagte jeder Form von Pomp und Personenkult und wirkte im Stillen. Nicht einmal in Amtstuben hing sein Konterfei oder zierte sonstwo die Wände.

Der Kalif zu Istanbul, genauer gesagt, in seinem Namen der Djihad-Minister, hatte den Posten des Statthalters für den Nördlichen Verwaltungsbereich mit Sitz in Brüssel einem ebenso erfahrenen wie weisen Mann anvertraut. Seine Herkunft führte er auf einen ehemaligen französischen Staatspräsidenten mit marokkanischem Migrationshintergrund und dessen Geliebte, eine algerische Journalistin, zurück. Als Absolvent einer Pariser Eliteschule hatte er in Berlin Jura studiert, aus heisser Liebe zu einer türkisch-stämmigen Kommilitonin früh zum Islam gefunden und gemeinsam mit ihr sein berufliches Fortkommen im Dunstkreis türkischer Wesire gesucht. In der Beamtenhierarchie schnell aufgestiegen, war er samt Gattin bald auch am Hof des Kalifen wohl gelitten, wo seinem Ehestand drei weitere Damen von Geblüt zugewachsen waren.

Gross-Emir Mohamed Abdallah erwies sich als ein herzensguter, auf das Wohl aller Schichten seiner Untertanen bedachter Statthalter. Er versah sein Amt ohne Allüren, wenn auch angeblich unter der gemeinsamen Fuchtel seiner Ehefrauen, derer er ja die erlaubten vier besass, was ihn an sich schon zu nicht nur häuslicher Demut zwingen musste. Günstlingswirtschaft oder Bestechlichkeit hätten ihn Kopf und Kragen gekostet. Auch er stand unter ständiger Beobachtung durch die Kontrollsysteme. Nur in den Gemächern seines Harems, das hatten ihm seine Vorgesetzten vergewissert, durfte er sich vor einem Belauschen sicher fühlen.

Otto Normalverbraucher sollte unter der Regie des moslemischen Statthalters auch als Anders- oder Nichtgläubiger die reine Luft persönlicher Freiheit schnuppern dürfen, niemand ihn zwingen, sich mit der stereotypen Verherrlichung Allahs und des Propheten in den Medien berieseln zu lassen. Deren Lobpreisung tat der dem hehren Beispiel des Kalifen nacheifernde Staathalter Genüge, doch bitte kein Wort über Umtriebe der vier First Ladies, deren Burkas sie in der Öffentlichkeit ohnehin unkenntlich machten. Natürlich waren auch diese Damen gegen Versuchungen gefeit, vor allem der Korruption. In Anbetracht aller Unwägbarkeiten würden sie bestimmt nicht auf die Idee kommen, sich einer gemeinsamen Vorteilnahme wegen zu viert zusammenzurotten. Echter Schmuck – wozu, macht sich auf der Haut doch auch Glitzerndes von Svarowsky durchaus vorteilhaft.

Was die Verhüllung weiblicher Reize betraf, bedienten sich ihrer nach dem Vorbild der Frauen des Propheten Mohammed im siebten Jahrhundert noch 1400 Jahre später zwar die Gattinnen des Gross-Emirs, doch war das Tragen dieses unvorteilhaften Kleidungsstückes weder ihnen noch anderen Angehörigen des weiblichen Geschlechts aller Altersstufen zwingend vorgeschrieben, ebenso wenig wie Vollbärte bei den Herren der Schöpfung. Eilfertige Konvertiten beiderlei Geschlechts stellten hingegen das eine oder andere noch immer gern zur Schau.

Die im Kalifat den Anforderungen der Moderne durch zeitgemässe Auslegung des Koran vorsichtig angepasste Rechtsordnung kennt keine der kostspieligen Sozialgesetze, wie sie im alten Europa als demokratische Errungenschaften gefeiert worden waren. Die Leute von Rum hatten beizeiten begriffen, dass wohlfahrtsstaatliche Segnungen auf Dauer unbezahlbar sind. Die am fehlenden Geld gescheiterten sogenannten Volksrepubliken hatten es im vorigen Jahrhundert unter traurigen Beweis gestellt.

Zuwendungen an Langzeitarbeitslose entfielen zugunsten der Eingliederung in elektronisch überwachte Gemeindienste. Als gottgewollte Einrichtungen plakatiert, ergänzten Letztere die aus hinreichend kalkulierten Prämien erwirtschafteten Versicherungsleistungen für Invalidität und Krankheit. Unverschuldet Bedürftige durften auf bescheidene Beihilfen aus dem Aufkommen an gottgefälligen Almosen hoffen. Namen der Spender und jeweilige Höhe der milden Gabe wurden täglich im Internet aufgelistet. Wohlhabende wie Besserverdienende kamen ohne Gesichtsverlust kaum um diese freiwillige Leistung herum, riskierten sie doch, im Fadenkreuz einschlägiger Fan-Gemeinden zu landen, die Schimpf und Schande über säumige Zahler brachten – schon wegen Verletzung einer der fünf Pflichten des Koran.

Durch den Fortfall von Aufwendungen einerseits für Soldaten, Waffen und Munition, andererseits allfälligem, im Islam verpönten Schuldendienst, konnte die Finanzbehörde in Brüssel Rums Staatshaushalt mehr als ausgleichen. Ungewohnt grosszügige Investitionen in Forschung, Entwicklung und Infrastruktur entschädigten das geneigte Publikum für den Fortfall von sozialen Wohltaten. Der starke kalifische Dinar ersetzte die Notwährungen in den Regionen, wie auch den EURO dort, wo er bis zuletzt Bestand gehabt hatte. Die Umrechnung erfolgte, dem realen Wert von 2025 entsprechend, zum Kurs des SAU-Frankens als Vergleichswährung.

Elektronischer Zahlungsverkehr machte den Gebrauch barer Geldscheine weitestgehend überflüssig. Nach ihrer Abschaffung zum 1. Januar 2027 blieben Münzen geringeren Nennwerts für die Benutzung öffentlicher Toiletten, Beschickung von Parkautomaten und ähnliche Dienste im Umlauf. Als Entgelt für im Wert über Kleingeld hinausgehende, auch diskret zu behandelnde Leistungen empfahl sich Gold. Von ganzen Barren bis zu hauchdünnen Plättchen, die man im Portemonnaie mit sich führte. Mobile Telefongeräte erhielten spezielle Apps für die Prüfung der Echtheit des Edelmetalls.

Am 1. 1. 2030 war die Rechtsordnung des Kalifats in Form der Scharia auch für das Gross-Emirat in Kraft getreten. Neben den Offenbarungen des Propheten hatten mangels solcher seine überlieferten Gewohnheiten in jeweiliger Auslegung durch die Schriftgelehrten von Al Azhar Verfassungscharakter. Richtungsweisend für das Gross-Emirat waren die staatsrechtlichen Vorschriften des fälschlich nur als Heiliger Krieg gedeuteten Djihad. Zivilrechtlich fanden in Rum weiterhin die Normen traditioneller Gesetzbücher wie BGB und Code Civil Anwendung, soweit sie nicht mit denen der Scharia kollidierten.

Zum gleichen Stichtag wurden sämtliche bisherigen Strafgesetze abgeschafft und durch neue, in Rum zunächst drakonisch anmutende Vorschriften ersetzt. Sie räumen dem Prinzip der Abschreckung unbedingten Vorrang ein. Auf Erbarmen, Mitleid und Verständnis hoffen Straftäter seither vergebens. Vorgesehen zum Schutz der Allgemeinheit und Ausschluss von

Wiederholungsgefahr wird bei Kapitalverbrechen – Mord, Kinderschändung, Waffenbesitz und Geiselnahme – die Todesstrafe verhängt. Das gleiche Schicksal droht dem Gotteslästerer bei Verunglimpfung des Namens von Allah oder seinem Gesandten. Raub, Einbruch, Diebstahl und Körperverletzung ziehen körperlich fühlbare Strafen nach sich. Sie reichen von Stockschlägen bis zur Amputation einzelner Extremitäten. Bei Betrug, Veruntreuung, Korruption winkt die Verurteilung zu Zwangsarbeit. Delinquenten werden in freudlosen, weit entlegenen, von Robotern bewachten Arbeitslagern untergebracht. Das gleiche Schicksal droht auffällig arbeitsscheuen Nicht-Moslems. Soweit sie allerdings rechtzeitig vor dem Urteilsspruch zum Islam übertreten, bleibt ihnen solch hartes Los erspart. Vorzugsweise lassen sie sich dann zu Spitzeln, Predigern und Missionaren ausbilden.

Vor jeglicher Kritik des Islam und seiner Massstäbe von Ethik und Moral ist dringend zu warnen. Selbst im vertraulichen Gespräch sind Vorsicht und Zurückhaltung geboten. Elektronisch gesteuerte Ohren hören überall mit, ob in Afghanistan, dem Inneren der Sahara oder sonstigen unzugänglichen Wüsteneien in der Weite des Kalifats.

Und wie steht es mit berauschenden Substanzen? Grundsätzlich sind sie von Übel. Dennoch bleibt die Erzeugung von Wein und Bier wie auch die Ausfuhr alkoholischer Getränke erlaubt. Ihr Export ist wegen des Zuflusses von Devisen aus China, RASU, SSK und auch der SAU sogar erwünscht. Daheim drohen zwar bei Trunkenheit im Strassenverkehr, dem Ausschank und Konsum in öffentlich zugänglichen Lokalitäten empfindliche Bussen. Beim Alkohol in Hotels, Clubs und

Privathäusern jedoch drückt die Obrigkeit ein Auge zu, indem Razzien dort nicht vorgesehen sind. Anzeigen werden nur bei grober Ruhestörung verfolgt. Gilt mässiger Genuss von Wein und Bier noch weitgehend als gesundheitsförderndes Kavaliersdelikt, kann der Besitz harter Drogen leicht zum Verhängnis werden. Dealer und Fixer finden sich oft in den berüchtigten Arbeitslagern wieder. Ebenso häufig landen dort auch notorische Trunkenbolde. Wer sich nichts zu Schulden kommen lässt, findet die strenge Ahndung von Übeltätern gut oder schaut weg und schweigt, je nach Temperament und Befindlichkeit. Alle Lebewesen sind von Natur aus bestrebt, für sich selbst das Beste daraus zu machen. Weil daran der Koran nichts auszusetzen hat, darf ein gesunder Egoismus auch in Rum fröhliche Urstände feiern.

Gustav Just hatte 2020 mit der Konferenz auf dem Bürgenstock den weiteren Verlauf der Zeitgeschichte angestossen, das Ende des Nahostkonfliktes eine Kettenreaktion ausgelöst, welche die Welt in den nächsten dreissig Jahren von Grund auf veränderte und allen ihren Bewohnern ein friedliches Leben erlaubte. Doch auf gut zwei Jahrhunderte ohne Krieg konnte allein die kleine Schweiz zurückblicken. Ihre grossen europäischen Nachbarn in Folge der beiden verheerenden Weltkriege wenigstens auf eines – nicht zuletzt Dank der Initiative von Gustav Just.

Dem Schweizer Vermittler lag es nicht, sich in seinem Erfolg zu sonnen. Zahlreiche Angebote, in der heimatlichen Politik mitzumischen, schlug er aus. Er bedauerte den Niedergang des liberalen Freisinns mangels führender Persönlichkeiten vom Schlage eines Christoph Blocher, doch dessen erzkonservativer

Schweizer Volkspartei konnte Gustav Jost auch nur wenig abgewinnen. Also beschränkte er sich auf die Gründung einer Beratungsfirma, deren Dienste die Regierung in Bern vor aussenpolitischen Entscheidungen gern in Anspruch nahm. Seine Berufung in die Verwaltungsräte von Banken, Versicherungen sowie weltweit agierenden Schweizer Industriekonzerne erlaubte ihm über die Altersgrenze hinaus ein sorgenfreies Leben.

Schon früh zog er den Sohn Martin zur Mitarbeit an aussenpolitischen Projekten heran, hatte er ihn doch nicht zuletzt seiner koptisch-christlichen wie jüdischen und germanischen Wurzeln wegen adoptiert, nach eigener Einschätzung eine perfekte Mischung des Erbguts.

Martins Entwicklung hatte ihn nicht enttäuscht. Der Junge meisterte die Schule ohne Probleme bis zur Matura, trieb daneben viel Sport.

Gustav Just feierte im August 2033 seinen achtzigsten Geburtstag. Hernach zog er sich aus allen beruflichen Aktivitäten zurück und überliess das Feld allein dem gleichermassen konservativ eingestellten, im Zenit seines Lebens stehenden Martin.

Mittelgross, von athletisch-schlanker Figur, bevorzugte dieser, gleich dem Vater, als Arbeitskleidung nach Mass gefertigte Hemden und Anzüge. In seiner Freizeit kam er lieber leger daher. Auf die teilweise orientalische Herkunft des Schweizers mit Offizierspatent deuteten die dunklen Augen hin, das drahtige, kurz geschorene Haar und die Form der Nase. Aufgewachsen in Luzern, war er dort schon als Knabe durch besondere Begabung für jede Art Ballsport aufgefallen. Als Jugendlicher in Tennis und Squash bald überregional erfolgreich, machte er in diesen Disziplinen auch jetzt noch eine gute Figur, war aber an Wochenenden häufiger auf dem Golfplatz zu sehen – Lucerne 1903 – einem der ältesten Clubs im Lande.

Ob als Jurist, politischer Berater daheim und im Ausland, oder beim Sport – mit fünfzig war Martin Just zu einem Menschen gereift, den die Realitäten des Lebens über dessen Illusionen erhoben.

2050

Die Glocken der Hofkirche von Luzern kündeten erst mit vier, dann zwölf Schlägen die Mittagsstunde dieses Ostermontags im April des Jahres 2050. Gleich darauf ertönten sie erneut, um jetzt als Trauergeläut in den Schlussakkord der Orgel des Gotteshauses einzustimmen. Die Klänge in Moll galten dem Gedenken an Gustav Jost. Dessen sterbliche Überreste barg ein Sarg aus schlichtem Holz, aufgebahrt vor dem kleinen Kreis engster Angehöriger.

Die Öffentlichkeit hatte vom Ableben des 97-Jährigen kaum noch Kenntnis genommen. Lediglich lokale Medien fanden die Verdienste des in hohem Alter verstorbenen Mitbürgers eine Randnotiz wert. Dabei hatte er ein Vierteljahrhundert zuvor als Architekt einer neuen Weltordnung weit über die Grenzen der Schweiz hinaus Berühmtheit erlangt, war weltweit gefeiert und hoch geehrt worden.

Auf die kirchliche Abdankung hatte Lisa von Lerchenfels bestanden, seine nur wenige Jahre jüngere letzte Lebensgefährtin. Sie entstammte einer jener norddeutschen Adelsfamilien, die fest zu ihrem lutherischen Bekenntnis standen. Gustav Jost hingegen war schon früh im Leben vom Glauben abgerückt. Bald nach dem Ende des Zweiten Weltkriegs geboren, hatte ihn sein ausgeprägtes historisches Interesse an den Weltreligionen der christlichen entfremdet, ohne ihm eine der anderen näher zu bringen. Dennoch war er in der Geschichte des Judentums, der Christenheit und des Islam meist besser bewandert als deren bekennende Gläubige. Nach seiner festen Überzeugung konnte nur ein Atheist befähigt sein, als neutraler Moderator Frieden unter Kriegsparteien zu stiften, deren Feindschaft religiös verbrämt war. Das Thema war bis zuletzt zwischen ihm und Lisa tabu, dennoch hatte sie es geschafft, sich für Gustavs Beisetzung gegen dessen Adoptivsohn Martin – erklärter Freigeist wie sein Vater – zu behaupten. Er konnte sich ihrem kecken Argument nicht verschliessen, dass niemand auf die Idee kommen sollte, der alte Jost wäre insgeheim zum Islam übergetreten. Jedoch setzte Martin durch, dass im Gotteshaus weder eine Predigt gehalten noch Psalmen gesungen, sondern lediglich auf der Orgel herausragende Passagen aus Vivaldis Zyklus der ‹Vier Jahreszeiten› intoniert wurden.

Rasch darauf geeinigt hatten sich die beiden Nächsten des Verstorbenen, dessen Ex-Frau Sabine Winkler zwar nicht zur Andacht, wohl aber zur Teilnahme an dem anschliessend vorgesehenen, gemeinsamen Essen der Hinterbliebenen zu bitten. Im vorgerückten Alter von 55 Jahren hatte Gustav Jost die siebzehn Jahre jüngere Frau von herber Schönheit 2008 geheiratet. Aber schon 2015 war die Ehe gescheitert. Sabine hatte nie leibliche Kinder haben wollen, die Adoption eines handverlesenen süssen Winzlings namens Martin jedoch gutgeheissen. Dass dessen derzeitige Geliebte – der inzwischen auch schon fünfzigjährige Jurist nannte die schöne Brasilianerin Delinda Malt seine Lebenspartnerin – ebenfalls am Essen teilnehmen würde, erachtete Lisa als selbstverständlich.

Neben ihr und Martin lauschten den Klängen von Vivaldi nur vier nahe Verwandte des Toten. Aufrecht in der zweiten Bankreihe sass dessen 70-jähriger Neffe Ferdinand Herzog, einziger Sohn aus der Ehe von Gustavs Schwester Andrea mit dem deutschen Industriellen Ernst Herzog. Über einige verkorkste Liebschaften nicht hinausgelangt, war der Ferdi zum notorischen Junggesellen verkommen. Seine zwischen Sommer und Herbst 2030 kurz hintereinander verstorbenen Eltern hatten ihren Kummer über das Ausbleiben eines Stammhalters mit ins Grab genommen. Die Familie tat den kahlköpfigen Vetter als undurchsichtigen Eigenbrötler ab, dem man bei anderer Gelegenheit tunlichst aus dem Wege ging.

Neben ihm auf der harten Kirchenbank Platz genommen hatten seine Schwester Maria Elmer-Herzog und ihr Ehemann Axel Elmer. Mit Schwager Ferdi gleichaltrig, zierte ihn jedoch ein noch immer dichter, schlohweisser Haarschopf. Als blondgelockten Hamburger hatte es ihn nebst Frau und Kind einst nach Neuseeland verschlagen. Ausgestattet mit hanseatischem Gespür, war Axel Elmer in Auckland heimisch geworden und dank eines grosszügigen, schwiegerväterlichen Zustupfes beizeiten zu solidem Wohlstand gelangt. Sohn Julian, mit 43 Lenzen der Jüngste im Kreis der Trauernden, hockte hinter den Eltern, die er beide um Hauptslänge überragte. Seine Anteilnahme war nicht sonderlich ausgeprägt. So war er froh über die kurze Dauer der Andacht.

Nach dem Verklingen der Orgeltöne und einem Augenblick stillen Gedenkens tupfte Lisa letzte Tränen fort, lenkte ihren zuvor von Martin neben die Sitzbank der ersten Reihe geschobenen Rollstuhl an den Sarg heran und verweilte dort einen weiteren Moment. Die anderen folgten ihrem Beispiel. Der kleinen Trauergemeinde voran bugsierte Martin die Greisin alsdann durch eine seitliche Pforte ins Freie, wo die milde Mittagssonne dem Frühling alle Ehre machte. Über das Kopfsteinpflaster des Kirchhofes schob er Lisa in ihrem Gefährt auf den zum nahe gelegenen Palace Hotel hinunterführenden Gehweg, wo sie den Elektromotor betätigte.

«Von dir und meiner lieben Schwester abgesehen», bemerkte hinter ihnen Ferdinand Herzog zu Axel Elmer, «hat es keiner von uns für nötig befunden, Kinder in die Welt zu setzen. Das war scheinbar so eingerissen bei uns im alten Europa – zu viel Aufwand, keine Zeit, kein Bock auf brüllende Gören. Den Nachwuchs zeugten dafür in Hülle und Fülle andere aus Nah- und Mittelost massenhaft zugewanderte arme Teufel. Und jetzt haben wir den Salat!»

Axel nickte. Er wusste genau, was sein Schwager meinte, zog es aber vor, nicht direkt auf den Kern des Themas einzugehen.

«Unser Junge», sagte er stattdessen und vergewisserte sich, dass Julian ausser Hörweite vor sich hin schlenderte, «ist auch nicht nur ein steter Quell der Freude gewesen! Ein schwieriges Kind und noch immer nicht sehr umgänglich, aber gradlinig, fleissig und verlässlich! Der weiss genau, was er will – vor allem, dass ich ihm im Geschäft nicht hineinrede, was mir oft schwerfällt! Eigentlich kam er nur mit uns, um sich einen ersten Eindruck vom heutigen Rum zu verschaffen. Viel zu sehen war allerdings nicht vom so genannten Gross-Emirat. Man rast mit der Eisenbahn pfeilschnell durch die Alte Welt, ohne auch nur ein Minarett zu sehen!»

«Immerhin seid ihr gekommen», erkannte Vetter Ferdi an.
«Alle Achtung! Euer weit verzweigtes Rumpf-Imperium verfügt zur raschen Beförderung von Reisenden ja wenigstens noch über eine interkontinentale Luftfahrt. Soll aber irre teuer geworden sein, so ein Flugbillett!»
«Das kannst du wohl glauben!», pflichtete Axel Elmer bei.
«In unseren Tagen gewinnt man zwar genug preiswerte Energie. Nur kostet deren Verflüssigung zum Betanken eines Flugzeugs, schon gar auf Langstrecke, wahnsinnig viel Geld. Weil die Fliegerei nun mal zu schier unerschwinglichem Luxus geworden war, erklärten eure frommen Schlauköpfe von Al Azhar den Luftverkehr kurz und bündig zur ketzerischen Unart und legten ihn für ihren Einflussbereich still. Dem Beispiel folgten ohne viel Federlesens Russen, Inder, Chinesen, denen das Kerosin ebenfalls zu teuer geworden war. Angeblich bereitet eurasischen Despoten und Populisten der vom Fluglärm freie Himmel sogar Vergnügen. Behält man sein liebes Volk doch viel leichter im Auge, wenn es daheim bleibt! Wir drei Elmers machen aus der Not eine Tugend. Nehmen uns die Zeit, in aller Ruhe zur See von Genua nach Singapur und weiter heim nach Auckland zu schippern. Dank des technologischen Fortschritts sind unsere Betriebe von Bord problemlos fernzulenken!»
«Die liebe Technik!» Ferdinand Herzog atmete einmal tief durch, was wie ein Stossseufzer klang. «Bei uns Gemässigten in SAU und RASU mag das ja noch gerade angehen mit den elektronischen Prüfmethoden und der verflixten Transparenz. Man muss es eben wissen – nicht nur Polizei und Fiskus, auch die liebe Konkurrenz hört und sieht mit – nennen wir sie den bösen Feind oder guten Freund! Unseren Medien zufolge übt aber in

Rum der Grosswesir seine Gewaltherrschaft mit der Wanze aus!»

«W wie Waffe!», mutmasste der Neuseeländer. «Bis vor kurzem hatte ich noch des Öfteren geschäftlich zwischen London und Leipzig zu tun gehabt. Schon beängstigend, so ein Überwachungsstaat! Wenigstens von aussen gesehen. Drinnen sind es die Leute gewohnt, halten den Mund und lassen sich eben nichts zuschulden kommen – Friede, Freude Eierkuchen!»

* * *

JASPER, das traditionsreiche Nobelrestaurant des Palace Hotels, war mit separaten Räumlichkeiten auf intime Veranstaltungen im kleinen Kreis eingestellt. Martin Jost hatte einen runden Tisch für acht Gäste eindecken lassen und deren Eintreffen auf 13 Uhr terminiert. Als Erstes vorgesehen war ein Empfang im Vestibül.

Dort hatten sich beizeiten die beiden an der Andacht in der Hofkirche unbeteiligten Damen eingefunden. Vom Hörensagen kannten sie einander längst, nicht aber von Angesicht.

Sabine Winkler waren ihre achtzig Lenze kaum anzusehen. Den noch vollen, grauen Haarschopf zu einer aparten Kurzfrisur geschnitten, Make-up auf dem nahezu faltenlosen Gesicht zurückhaltend aufgetragen, kleidete ein gut geschnittenes, dunkelgraues Kostüm vorzüglich ihre zierliche Figur. Wenig, aber wertvoller Schmuck vervollständigte das Bild einer mit Achtzig noch immer attraktiven, wenn auch alles andere als feminin wirkenden Frau.

Vom Alter her hätte die kurz darauf erschienene Geschlechtsgenossin gern als ihre Enkelin durchgehen können. Sabine schätzte sie auf wenig über Dreissig. Der leicht dunkel getönte Teint um blitzblanke, dunkle Augen verriet die Südländerin, auch ungeschminkt eine ausnehmend rassige Erscheinung. Der dem Anlass angemessene schwarze Hosenanzug brachte ihre makellos schlanke Form perfekt zur Geltung.

Sabine war sofort klar, wen sie da vor sich hatte. Ohne einen Augenblick zu zögern, ging sie auf die junge Frau zu, bot ihr beide Wangen nach Schweizer Art zum dreifachen Kuss dar und schloss sie in die Arme.

«Du musst Delinda sein, unseres Herrn Sohnes liebste Freundin?», mutmasste sie richtig.

«… und du zweifellos Sabine, Onkel Gustavs Verflossene!», ging Delinda sofort darauf ein. Ihr Umgangsenglisch wies einen iberischen Akzent auf. «Sollte ich dir mein Beileid sagen?», fügte sie hinzu, ihrer Sache nicht ganz sicher.

«Wohl kaum!», riet die Ältere ab. «Fünfunddreissig Jahre nach der Scheidung zählt man nicht mehr zu den Hinterbliebenen! Das kommt Lisa von Lerchenfels eher zu, wenn auch Gustav und sie den Gang zum Traualtar gescheut haben.»

Ein Bediensteter erschien. Seiner Einladung, sich vom Tablett mit Getränken zu bedienen, kam Sabine ohne Zögern nach. «Gern ein Glas Wasser!» entschied sie auf Schweizerdeutsch.

«Weisswein bitte für mich», bestimmte Delinda Malt auf Englisch. Sie stiessen an, tranken jede einen Schluck und besetzten Seite an Seite ein Ledersofa. Sabine schaute auf ihre Armbanduhr.

«Ehe die Kirchgänger gleich kommen, erzähle mir noch schnell ein wenig von dir. Ich weiss nur, dass deine Wiege in Brasilien stand. Wo genau? Ich habe Gustav einmal nach Salvador do Bahia begleitet, die alte Hauptstadt im Nordosten.»

«Genau von dort komme ich!», frohlockte Delinda. «Oder wenigstens aus der Gegend. Papa besitzt eine Hazienda am Rio Franzisco, von Salvador nur zwanzig Minuten entfernt – durch die Luft, meine ich. Bei uns hat noch jeder seinen eigenen Flieger. Brasilianer sind nun mal grosse Verschwender! Ich habe immer ein wenig Sehnsucht nach Bahia. Umso stärker, je länger ich von Zuhause fort bin!»

«Seit wann lebst du in die Schweiz – pardon, der Alpenrepublik?»

«Zürich reizte mich einfach vor ein paar Jahren nach meiner Scheidung von John Malt, einem Schotten. Wir hatten uns beim Karneval in Rio kennengelernt, glaubten uns zu lieben und heirateten auf der Stelle. John fabriziert Whisky in der Nähe von Glasgow. Er nahm mich mit in seine eiskalte Heimat. Leider Gottes gehört die nicht zum Islamischen Kalifat – sonst hätte ich es nämlich gleich mit der Angst bekommen und wäre hübsch daheim geblieben! Es kam dann, wie es kommen musste. Wir merkten beide schnell, dass wir überhaupt nicht zusammenpassten. Ich wollte nicht zurück nach Brasilien, schämte mich vor meiner Familie. Darum bat ich ihn, mir ein Transitvisum für Rum sowie ein Bett erster Klasse im Schlafwagen nach Zürich zu beschaffen – gegen mein Einverständnis in die Scheidung. Geld verlangte ich keines, lehnte aber auch nicht das dicke Bündel Royal Anglo-Saxon Dollars ab, welches er mir an den Busen drückte!» Sie lächelte, ehe sie fortfuhr: «Eigentlich hätte ich mir damit erst einmal Paris ansehen wollen. Doch als Provinzstadt der Araber mit Moscheen statt Museen schlug ich sie mir aus dem Kopf!»

Ihre Abscheu suggerierende Grimasse amüsierte Sabine.

«Mein armes, unschuldsvolles Kind!», kicherte sie. «Verzeih, aber für den Besucher ist Paris umwerfend wie einst und je, vielleicht ein wenig moderner! Ich bin dort immer wieder gern gewesen, unverschleiert, wie in Rom, London, Berlin und anderen Städten des alten Europas. Sie alle haben ihr traditionelles Flair nur ein ganz klein wenig eingebüsst, Islam hin – Araber her! Aber zum Glück für Martin bist du ja nun in der Schweiz gelandet. Ich hätte gern noch gehört, wann, wo und wie ihr Euch kennen gelernt habt. Doch schau, da kommen unsere Kirchgänger!»

Beide boten zur Begrüssung ihre Wangen dem als Gastgeber vorweg eingetretenen Martin Jost.

«Wie schön, dass ihr Hübschen schon da seid», kommentierte der seine züchtig gehauchten Küsse, denen er noch einen flüchtigen Schmatz auf Delindas Lippen nachsetzte. Hinter ihm schob Julian Elmer den Rollstuhl mit Lisa von Lerchenfels herein, gefolgt von seinen Eltern und Ferdinand Herzog.

«Ihr alle kennt meine teure Stiefmutter Sabine, stattlich wie immer! Die liebe Delinda wohl ebenfalls!» In Erwartung allgemeinen Kopfnickens schweifte Martins Blick in die Runde. Der unverfrorene Ausdruck, mit dem Julian die schöne Brasilianerin anstarrte, entging ihm dabei nicht.

«Mit der Dame deines Herzens hatten wir noch nicht das Vergnügen!», widersprach Axel Elmer. «Doch verliess dich auch in ihrem Fall dein ausgezeichneter Geschmack nicht!» Er trat einen Schritt auf Delinda zu und verneigte sich galant. «Axel Elmer, Frau Maria und Sohn Julian», stellte er vor. Alsdann beugte er seine Lippen über Sabines ausgestreckte Rechte. «Wir waren bei eurer Hochzeit – eine Ewigkeit muss das her sein!»

«Zweinullnullacht – vor nunmehr zweiundvierzig Jahren! Wir waren glücklich miteinander, bis ich merkte, dass Ehe und Beruf für mich auf Dauer unvereinbar waren. Seither lebe ich ohne ein Mannsbild an meiner Seite.» Sie griff nach einem Sherry, während sich Axel mit Mineralwasser begnügte.

«Zur etwa gleichen Zeit war für mich damals klar – um mit dir im Takt zu bleiben, liebe Sabine –, dass für mich mein Beruf und das politische Umfeld in Europa unvereinbar geworden waren. Also verkaufte ich meinen Laden in der Absicht, auszuwandern. Doch wohin? Das fragten sich damals angesichts der kaputten Union viele Unternehmer. Ich entschied mich für Neuseeland. Wir liessen uns mit Kind und Kegel in Auckland nieder, fingen noch einmal von vorn an und haben es nicht bereut.»

Noch ehe Axel seinen Sohn herbeiwinken und ihn vorstellen konnte, bat Martin zu Tisch. Obwohl sie nur zu acht waren, hatte er eine Sitzordnung vorbereitet und Namenskarten auslegen lassen. Das stimmte ihn jetzt froh, hatte es doch der Rotzjunge Julian auf diese Weise umsonst auf einen Platz an der Seite von Delinda abgesehen, die ihrerseits lieber neben Lisa gesessen und sich um sie gekümmert hätte. Doch Martin schob Mutters Rollstuhl an seine rechte Seite. Wie geplant, hatte er Maria Herzog an seiner Linken platziert. Zwischen ihr und Sabine konnte Julian auf keine dummen Gedanken kommen.

Die restlichen Plätze nahmen Axel, Delinda und Ferdinand ein.

Martin blieb stehen. Er wartete, bis sich alle gesetzt hatten und die passenden Gläser vor ihnen mit eiskaltem Sanserre gefüllt worden waren. Einladend sah er in die Runde. «Trinken wir zunächst – genau wie unser Papa es gehalten hätte – auf sein Andenken!»

Gehorsam nippte jeder an seinem Glas. «Alsdann erlaubt mir, Euch mit ein paar Worten über ihn zur Last zu fallen!»

Wie auf Kommando stellten alle ihre Getränke ab und senkten die Köpfe. Nur Lisa nahm noch einen kräftigen Schluck, weil ihr guter Gustav nicht auf sein eigenes Andenken das Glas erhoben hätte und um Martins zu erwartendes Gefasel besser ertragen zu können.

Obschon nun bei Weitem die Älteste und mit einem ihrer schlappen Beine ebenfalls halb im Grab, kam sie sich bei diesem Tanz der Vampire furchtbar alt vor. Viel lieber hätte sie ihre eigenen Enkel um sich gehabt. Dazu gern noch die lebenslustige Delinda, der sie heimlich Abbitte leistete. Fast hätte sie Martins Geliebte der törichten Sabine wegen ausgeladen!

Zu ihrer Verblüffung begann Martin nicht bei Adam und Eva, sondern wandte sich an sie.

«Ohne dich, verehrte Lisa, wäre er schon viel früher von uns gegangen. Dafür sind wir dir unendlich dankbar. Du wirst für immer zur Familie gehören. Meine unverbrüchliche Zuneigung ist dir ebenso gewiss wie meine Fürsorge als dein Sohn!»

Die Herzogs und Elmers quittierten es mit Gesten des Beifalls.

Lisa nahm die herzliche Zusicherung durch ein leichtes Neigen des Kopfes zur Kenntnis. Gustav hatte sie nicht geheiratet. Sie war – im Schweizer Amtsdeutsch – seine Konkubine geblieben. Er wollte ihren Kindern und Enkeln aus erster, gräflicher Ehe keine Mutter ohne Zacken in der Krone zumuten, pflegte er gern zu witzeln. Ihrer stillen Meinung nach war es ihm schlussendlich aber auch ums Vererben gegangen. Sohn Martin sollte sich nicht gezwungen sehen, dieses mit ihren Nachkommen einmal teilen zu müssen.

Auf das Leben des Verstorbenen kam der mutmassliche Alleinerbe erst jetzt zu sprechen.

«Unser Papa wuchs bald nach dem Zweiten Weltkrieg auf. Ihm war eine Jugend vergönnt, wie man sie sich zu seiner Zeit nur wünschen konnte!»

Nun also doch Adam und Eva, vermerkte Lisa. Martin würde hoffentlich die elektronischen Wanzen nicht vergessen haben, auf deren Installation in den Wänden von Hotels mit internationalem Publikum selbst die helvetische Obrigkeit kaum verzichtet haben dürfte.

«Als Knabe brillierte Papa in mehreren sportlichen Disziplinen, kassierte jede Menge Silberpreise und Diplome beim Tennis, Hockey, Squash und Golf. Zusammen mit Grossvater Jost erklomm er so manchen der Gipfel dort drüben!» Martin liess seinen Blick durch das Fenster über die Uferpromenade des Vierwaldstätter Sees zu den fernen Alpen schweifen. Dann fuhr er mit Erinnerungen fort. Gustav war im zarten Alter von vierzehn Jahren aus der Kirche ausgetreten, hatte als Student mit dem Islam geliebäugelt, es mangels Glaube an göttliche Allmacht und Barmherzigkeit jedoch beim juristischen Vergleich des christlichen Völkerrechts mit dessen angezweifelten Pendant im Koran, dem Djihad, belassen, darüber seine Doktorarbeit geschrieben und sich ein respektables Wissen von Recht und Geschichte des Islam angeeignet. Bei den gemeinsamen Bergwanderungen durfte Sohn Martin daran teilhaben.

Der Redner hielt sich nicht mit Einzelheiten auf. «Seine aussergewöhnlichen Kenntnisse sollten Papa in der zweiten Hälfte seines Lebens ungemein zu Gute kommen!»

In der folgenden Kunstpause wünschte sich Lisa, Martin würde ein paar Jahrzehnte im Leben seines Vaters überspringen, wusste doch jeder der Anwesenden, dass Gustav Jost schon um die Jahrtausendwende ein erfolgreicher Banker geworden war, der die dann dicht aufeinander folgenden Finanzkrisen unbeschadet überstand. Im Kaderbereich einer Schweizer Grossbank hatte er gelernt, wohlhabende bis steinreiche Ausländer zu betreuen, die ihre Ersparnisse lieber Schweizer Geldinstituten anvertrauten, als sie der Werthaltigkeit des Euros und der Begehrlichkeit ihres heimatlichen Fiskus ad infinitum auszusetzen. Dann aber auch, mit fragwürdigen Praktiken von Steuerpolitik zu leben, derer sich die alten Regierungen der westlichen Demokratien vergebens bedienten, um dem drohenden Verfall ihrer Währungen, Dollar oder Euro, Einhalt zu gebieten. Das hatten sie mit Hängen und Würgen bis in das 21. Jahrhundert hinein noch geschafft. Erst in dessen zweiter Dekade war mit einem Staatsbankrott nach dem anderen das Unheil über dieses einst so mächtige christliche Abendland hereingebrochen.

Martin enttäuschte nicht, setzte erst genau an dieser Stelle wieder ein und tönte dabei, als wollte er sich über versteckte Mikrophone bei der Obrigkeit lieb Kind machen.

«Papas Vertrautheit mit der islamischen Welt schärfte seinen Blick für deren Erwachen aus tiefem Schlummer zur zukünftigen Weltmacht. Von der neutralen Schweiz aus sah er als einer der Ersten jene wirtschaftspolitischen Unwetter voraus, die sich alsbald über den westlichen Demokratien zusammenbrauten. So trug er als Berater von Schweizer Bundesrat und Nationalbank dazu bei, dass der Franken nicht hineingerissen wurde in den Strudel, der Euro, Dollar und Britisches Pfund erfasste. Wie der überwiegenden Mehrheit aller Eidgenossen lag ihm die Bewahrung unserer vollen Souveränität an Herzen, womit ich weder die Herrschaft des Kalifats kritisiere, noch der Regierung von Rum den guten Willen abspreche, auch ihren nichtmoslemischen Bürgern ein besseres Leben als vordem zu ermöglichen. Herausstellen möchte ich aber das verdienstvolle Wirken unseres Vaters als langjährigem Schweizer Verhandlungsführer im Kreis der politischen Kräfte, wie sie sich zwischen 2015 und 2033 weltweit neu formierten. Seine einmalige Leistung gipfelte dabei in der historischen Konferenz von 2025 auf dem Bürgenstock.»

Automatisch wandten sich alle Köpfe dem Fenster zu, durch das jener berühmte Höhenzug jenseits des Luzerner Seebeckens mit den aufwendig renovierten Hotelanlagen zu sehen war.

«Zollen auch wir, seine engsten Angehörigen, ihm den über sein ...», Martin zögerte den Bruchteil einer Sekunde, «... Grab hinaus gebührenden Dank!»

Benötigt doch nach eigenem Wunsch kein Loch im Friedhofsacker, die liebe Leiche!, merkte Lisa im Stillen an und wünschte das Ende der Rede herbei. Mit Erfolg.

Martin schaute auf die Uhr. Bevor er sich für die Geduld des Zuhörens bedankte, hob er noch den Friedensnobelpreis hervor, dessen letzter Träger Gustav Jost gewesen war. Seine Rede endet mit der Feststellung, dass sich die jüngeren Menschen heute kaum noch an all jene Ereignisse erinnerten, welche die alte Welt an den Rand des Abgrunds gebracht hatte – Wertverlust der Währungen, Wirtschaftskrisen, Überalterung der Bevölkerung, Grenzen des Wohlfahrtsstaates, Risse in den sozialen Netzen, Verzerrung des Rechtswesens durch Kuscheljustiz und Überdehnung der sogenannten Menschenrechte.

Lisa atmete auf. Sie hatte sich an die neue Strafjustiz mit Wiedereinführung der Todesstrafe nie gewöhnen können. Wenn sie auch zugeben musste, dass eine Reihe anderer Massnahmen der kalifischen Herrschaft in der Praxis durchaus ihr Gutes hatten, aber im Augenblick knurrte ihr der Magen.

Die Küchenbrigade hatte auf den Einsatz gewartet. Weisswein wurde nachgeschenkt, zugleich die Vorspeise serviert – frische Matjes in Dillsauce und dünnschalige, kleine Kartoffeln. Wie der Verstorbene sie sich gewünscht hätte! Gleichermassen entsprachen Hauptgericht und Nachspeise Gustavs Vorlieben – knusprige Berner Röschti, zart rosa gebratenes Beefsteak, Remouladensauce und Pfifferlinge, hierzulande als Eierschwämme geschätzt. Dazu wurde ein roter Tessiner Merlot gereicht. Zum Abschluss gab es Mangosorbet an Mousse-au-Chocolat, leckeren Käse und dünne Scheiben Vollkornbrot.

Über Espresso und feinem Gebäck in der Lounge konnten Ferdinand und Maria endlich ihre beiden Köpfe zusammenstecken. Die Geschwister hatten sich seit langem nicht mehr gesehen, wohl gelegentlich E-Mails ausgetauscht. Maria bestätigte einmal mehr, dass es in Auckland eigentlich an nichts mangelte, vor allem für ältere Semester, die gut auf gelegentliche heisse Kicks verzichten könnten. An solchen fehle es, wenigstens für die Jugend. Dafür würde jede Menge Sport getrieben.

Ferdinand nickte. Das Dasein eines gealterten Junggesellen und Pensionärs wäre auch nicht gerade gespickt mit Herausforderungen. Auf Jubel, Trubel, Heiterkeit immer häufiger verzichten zu müssen, ginge ja noch an. Doch die Politik sei eher eintönig geworden, seitdem sich neuerdings alle miteinander vertrügen. Wer hätte das vor dreissig, vierzig Jahren gedacht? Sein intimes Verhältnis mit der prallen tamilischen Haushälterin behielt er wohlweislich ebenso für sich wie jene Geschäftigkeit, die er mit der Aura des Langweilers seit eh und je erfolgreich zu überspielen wusste.

Ausgesprochen schlechter Stimmung war Sohn Julian. Statt eine Tasse Kaffee hätte er lieber eine feurige Erfrischung von den Lippen der schönen Brasilianerin geschlürft. Doch auch jetzt in der Lounge nahm Delinda keinerlei Notiz von ihm. Sie wich nicht von der Seite der alten Dame, streichelte deren Unterarm und flüsterte ihr Koseworte ins Ohr. Lisa nahm es hin.

Schon gleich nach Aufhebung der Tafel war Axel Elmer auf Martin Jost zugeeilt, hatte – für alle hörbar – dessen Rede gepriesen, ihn dann leise um eine Unterredung unter vier Augen gebeten. Wenn irgend möglich noch heute, führe doch schon bald nach 23 Uhr der Nachtzug von Luzern nach Genua, wo der Luxus-Liner nach Singapur morgen um die Mittagszeit ablegen würde – alles seit Langem geplant und gebucht.

Martin konsultierte die Agenda seines Smartphones. «Gut, Axel – das geht gerade. Ich müsste vorher mal auf einen Sprung ins Büro. Dauert nur ein paar Minuten. Du kommst einfach mit. Wir fahren dann hinauf zum Golfplatz und drehen ungestört eine Runde – es dunkelt ja nicht mehr so rasch!»

«Ich weiss nicht ...» Elmer machte kein glückliches Gesicht. «... habe doch weder Schuhe dabei, noch ...»

«Du hast mich missverstanden, alter Freund», grinste Martin. «Vielleicht mögen die jungen Leute zusammen eine Partie Golf spielen. Wir beide begnügen uns mit einem Spaziergang. Es hat da einen herrlichen Weg rund um die Anlage. Da bleiben wir ein knappes Stündchen auf den Beinen und trinken anschliessend noch einen Kaffee. Gustav möchte, dass seine Asche auf dem Gelände verstreut wird, abseits von den Fairways und Roughs, Bunkern oder Wasser – irgendwo unter den Bäumen. Da können wir ganz nebenbei schon mal nach einem geeigneten Plätzchen Ausschau halten!»

Damit war Axel einverstanden. Martin redete leise auf Delinda ein, überhörte ihre Antwort und winkte Elmer junior herbei. Der liess sich nicht lange bitten.

Offensichtlich wenig erbaut von Martins Verlangen, rang sich dessen Liebste dennoch ein dünnes Lächeln ab. Um zu vertuschen, dass sie ihm eben noch zugeraunt hatte, diesen Flegel und seine Sprüche eigentlich nicht ertragen zu können, gönnte sie Julian ihren routinierten Augenaufschlag.

«Dein Vater hat wohl noch ein Ei mit Martin auszubrüten. Die beiden machen dazu einen Spaziergang um unseren Golfplatz auf dem Dietschiberg. Wenn du Lust hast, können wir derweil dort zusammen eine halbe Runde spielen», säuselte sie. «Für neun Loch dürfte das Sonnenlicht heute reichen!»

Julian war Feuer und Flamme, zumal Delinda nicht nach seinem Handicap fragte. Er konnte nämlich gerade mal eine müde Platzreife vorweisen.

«Nimm nur Martins Schläger und Karren. Passende Schuhe finden wir schon. Los, zieh dich schnell um, ich warte in der Halle!»

Julian flitzte davon. Delinda zog vor Lisa eine traurige Grimasse. Lieber hätte sie die alte Dame in ihre Seniorenresidenz begleitet.

«Ganz reizend von dir, mein liebes Kind!», winkte die alte Aristokratin ab. «Ich komme gut allein mit der Elektronik des Rollstuhls zu Rande – vor allem auf dem Heimweg! Bei dem schönen Wetter fahre ich sogar mit offenem Verdeck. Ich möchte Julians Mutter einladen, auf ein Stündchen mit mir zu kommen. Wir haben uns so lange nicht gesehen!»

Maria Elmer hatte mitgehört. Sie fand die Idee grossartig. Die beiden Damen verabschiedeten sich durch Zuruf von den anderen und verliessen das Hotel. Der Rollstuhl besass einen ausklappbaren Beifahrersitz mit Blick nach hinten in Form eines bequemen Sattels und per Knopfdruck verstellbarer Fussleiste.

«Nimm nur Platz, liebste Nichte», fordert Lisa die auch schon 67-Jährige auf. Kein Alter mehr in diesen Tagen, wo man vor Erreichen des 90. Lebensjahrs, wenn nicht krankheits- oder unfallbedingt, der Endlichkeit des Lebens kaum Aufmerksam widmete.

«Ich sitze schon, Tantchen!»

Eigentlich waren die beiden weder verwandt noch verschwägert, aber die Familie des Verstorbenen sah stets diskret darüber hinweg, dass er und Lisa nie einen Trauschein unterzeichnet hatten.

Tantchen gab über den Home-Schalter an der Lenkung die Anschrift ihrer Wohnung im Haus Vier der Tertianum-Residenz ein. Das Gefährt rollte von selbst auf die Velofahrspur, wich anderen Verkehrsteilnehmern aus, bremste sanft und hielt an, wo nötig. Die Geschwindigkeit war einer geruhsamen Velofahrt angepasst, etwa zehn Kilometer pro Stunde, gleichbleibend bei Steigungen und Gefälle. Die Verständigung erfolgte über Ohrmuscheln.

Nach wenigen hundert Metern stadtauswärts verbreiterte sich die Haldenstrasse durch Einbeziehung der früher parallel verlaufenden Kreuzbuchstrasse zu einer Allee mit zwei von einem breiten Streifen Grün, Blumenrabatten und buntblättrigen Büschen getrennten Fahrspuren.

«Hier mittendurch verlief früher die Trasse des Voralpenzugs. Die Bahngleise führen jetzt unter dem See direkt zum Bahnhof», erklärte Lisa. «Rechts hast du das berühmte Verkehrshaus der Schweiz mit dem IMEX Filmtheater, wo wir die besten Opern- und Theateraufführungen der Welt auf einer Spezialleinwand live genau so serviert bekommen, als wenn wir neben den Künstlern ständen!»

Das Gefährt rollte über eine Querverbindung durch die Einfahrt der Seniorenresidenz hinauf in die oberste Gebäudereihe, hielt vor dem Haus mit der Nummer Vier, bis sich ein Tor öffnete, bewegte sich hinein und kam vor dem Fahrstuhl zum Stehen.

«Du musst jetzt bitte absteigen, Maria!», wies Lisa ihre Mitfahrerin an, blieb aber selbst sitzen. Die Tür des Lifts öffnete sich. Lisa glitt hinein auf ihrem Sitz, der sich ohne ihr Zutun auf eigenen Rollen vom Fahrgestell gelöst hatte. Im zweiten Obergeschoss taten sich geräuschlos die Türflügel des Eingangs in eine lichtdurchflutete, geräumige Wohnung auf.

«Ist alles sehr einfach mit meinem Roller!», bemerkte Lisa. «Das Gestell für die Strasse findet seinen Weg von allein in die Abstellhalle. Hier oben habe ich eine Fernlenkung, die mir auf gleichem Weg nach draussen verhilft. Geht eben nur langsamer als mit dem Auto. Wenn es eilt, kann ich mir natürlich ein elektrisches Robotertaxi mit entsprechender Einrichtung bestellen, wo ich nur das Ziel einzutippen habe. Jetzt schau dich hier ein wenig um und mache es dir gemütlich!»

Maria bestaunte die aus Lisas Familie stammende, gediegene Einrichtung mit alten Möbeln und Portraits und machte vor einer gerahmten Fotografie halt. Das Bild zeigte zwei ältere Herren in formellem Frack, die sich beim Handschlag freundlich anlächeln. «Der rechts ist dein Gustav! Vor etwa fünfundzwanzig Jahren, schätze ich mal. Und wer ist der feine Herr links?»

«Seine Majestät der König von Norwegen! In Oslo, bei der Verleihung des Friedens-Nobelpreises. Den hat er Gustav da gerade überreicht. Übrigens der Letzte seiner Art – ich meine den Preis. Aus irgendeinem Grund ist er danach nicht mehr verliehen worden!»

«Wohl, weil Frieden zum globalen Selbstverständnis geworden ist – oder das wenigstens so scheint, seitdem es keine Schiesseisen und Kanonen mehr geben soll und es angeblich weltweit an Konfliktstoff fehlt!»

«Dein Wort in Gottes Gehörgang, Maria! Aber tatsächlich schaut es so aus – auch wenn ich dem Frieden noch immer nicht ganz traue! Aber fangen wir gar nicht erst mit Politik an!»

«Dann erzähle mir, ob du dich wohl fühlst hier in der Schweiz. Wirst du bleiben, jetzt, wo Gustav nicht mehr ist? Oder zu deinen Kindern und den vielen Enkeln in Rum ziehen? Mich schaudert es immer bei dem Kürzel DDR für den Teil des Islamischen Kalifats, den wir einst Europa nannten!»

«Wir beide stammen ja noch aus Deutschland – du vom Rhein, ich aus dem guten, alten Niedersachsen, das ich damals mit einem Pass des kurzlebigen Staates Hansaland verlassen habe. Immerhin war das Ländchen kaum kleiner als dieses hier, ehe wir Schweizer uns die übrigen Alpenländer unter den neutralen Nagel gerissen haben!»

«Hast du dich also doch einbürgern lassen?»

«Was blieb mir anderes übrig? Mit dem Islam hatte ich nichts im Sinn, unter uns gesagt! Jetzt bin ich schon ewig Luzernerin. Spreche zwar nicht Mundart, komme aber meinen Pflichten bei Wahlen und Abstimmungen gewissenhaft nach! Dieser direkten Demokratie verdanken wir eben doch unsere Unabhängigkeit. Da musste ich Gustav Recht geben! Doch was schwatze ich unnützes Zeug – was kann ich dir anbieten? Wir haben einen ausgezeichneten Heim-Service. Der Robby bringt in Windeseile, was immer man bestellt!»

«Nein danke, liebe Lisa! Unser opulentes Mittagsmahl, Wein und Kaffee halten noch eine Weile vor. Ich würde gern etwas mehr über die Schweiz wissen. Axel wurde heute früh auf seine Frage hin vom Hotelportier belehrt, dass hierzulande wieder vermehrt Schriftdeutsch statt Dialekt gesprochen wird. Um sich vom benachbarten Teil des Kalifats abzuheben, hier früher Grosser Kanton genannt – unser einstiges Deutschland. Wo jetzt ausgerechnet Englisch als Amts- und Verkehrssprache gilt, in den Familien dagegen kaum verständliche Mundarten gepflegt werden, die wir Niedersachsen zu meiner Zeit mit gerümpfter Nase Plattdeutsch nannten.»

«Mag sein, dass man sich in Hannover schwer damit tat. Gustav und ich haben hier kein Schwyzerdütsch gesprochen. Alle anderen schon, unabhängig von Herkunft und Stand. Da war man dann im Hintertreffen. Die letzten Jahrzehnte kamen unserem Selbstvertrauen mit der Einvernahme von Vorarlberg und Tirol in die Eidgenossenschaft zugute. Da konnte man sich nur mit Hilfe der Schriftsprache verständigen. Ich entsinne mich noch, dass bald darauf gleiche Anträge auf Beitritt von Savoyen, Venetien und Slowenien in Bern eingingen. Bundesrat und Parlament empfahlen Volk und Ständen auch deren Annahme, bei Schaffung einer Alpenrepublik nach Schweizer Recht. Die Kantone stimmten geschlossen, das Volk mit siebzig Prozent für die Vorlage. Aus der Schweiz mit 23 Kantonen wurde die Union Vereinigter Alpenländer mit über 30 Kantonen. Wie Gustav hatte auch ich dafür gestimmt. Wenn wir uns auch sonst politisch nicht immer einig waren – bei aller Zuneigung! Mit den nachfolgenden Volksentscheiden hatte ich dann auch oft meine Zweifel, folgte aber brav Gustav, der sich da besser auskannte. Wie bei dem Artikel für eine verstärkte Trennung von Staat und Kirche in unserer Verfassung, dem Verbot von politischen Parteien und Vereinen mit religiösen Inhalten! Musste man die unbedingt unter Strafe stellen – hohe Geldbussen und Verlust des Wahlrechts, schlimmsten Falles auf Lebenszeit? Die Schweizer CVP stellte das ‹C› von ‹Christliche› auf ‹Civile› Volkspartei um. Das hat mich dann doch geärgert!»

«Bist du je einer Partei beigetreten?»

«Nein, nicht hier in der Schweiz. Als junge Frau war ich in Deutschland Mitglied bei den Christdemokraten und für diese politisch aktiv. Schweizer Politik habe ich erst bewusst wahrgenommen, nachdem ich gelernt hatte, mich nicht mehr an Gustavs ultra-konservativen Sprüchen zu stören!»

«Wieso das? Immerhin war er mit dem Friedensnobelpreis ausgezeichnet worden. Den bekommt man doch kaum für radikale Ansichten!»

«Nein – aber er schimpfte wie ein Rohrspatz über hiesige Politiker, die für ihn alle linke Weicheier waren und im Gegensatz zur Mehrheit des Volkes unbedingt in die EU wollten! Später, als sich die Dominanz der Moslems in Europa abzeichnete, kamen jüngere Abgeordnete in den Berner Bundesrat, die ihre Politik wohl deutlicher nach den Wünschen der überwiegend konservativen Schweizer einrichteten und auch nach aussen endlich Biss zeigten! Bundesrat und Parlament hielten bei der Initiative für den Austritt aus der Europäischen Menschenrechtskonvention schon nicht mehr dagegen. Diese kam mit knapper Mehrheit durch und seither neigte sich das Pendel zur anderen Seite. Gustav jubelte und ich sah ein, in manchen Dingen zu blauäugig gedacht zu haben. Vor allem nach dem, was in meinem geliebten Deutschland dann so vor sich ging. Sicher hatte man hier gut daran getan, moslemischer Dominanz beizeiten einen Riegel vorzuschieben. Da hatte es in der Schweiz irgendwann in grauer Vorzeit per Volksentscheid ein Minarett-Verbot gegeben. Ich fand das damals hirnrissig. Aber immerhin war es ein Warnschuss, machte die Schweiz für eine unerwünschte Sorte von Moslems weniger attraktiv als beispielsweise Deutschland, wo man unbedarft bigotte Anatolier hofierte, dem Islam Tür und Tor öffnete – bei einem Grundgesetz mit der Trennung von Staat und Religion! Der Islam ist eben kein Glaube wie das Christentum, sondern eine Theokratie. Das sieht man ja jetzt nebenan im Kalifat. Da kannst du aus der Kirche immer noch austreten, doch die Moschee gibt dich nicht frei!»

«Auch ihr habt niemandem nur seines Glaubens wegen die Einbürgerung oder das Bleiberecht verweigert!»

«Das nicht gerade. Aber sie alle hatten Schweizer Recht zu achten und da bestanden für strenggläubige Moslems nun mal unüberbrückbare Gegensätze. Warum wohl zog es nach Gründung des Kalifats die meisten von ihnen dorthin, wo sie ihrer Religion wegen plötzlich sogar privilegiert waren? Zum Glück ist das bei uns überhaupt kein Problem mehr!»

«Aber als Bürger von Rum, natürlich nicht konvertiert, wäre Kopfsteuer fällig! Weisst du, ob einen das teuer zu stehen kommt?»

«Gustav war da Fachmann. Jetzt müsstest du Martin fragen. Ich weiss nur von meinen Verwandten, dass es weniger ist als früher die Kirchensteuer, deren Höhe vom Vermögen abhing. Es werden drüben natürlich auch die Atheisten zur Kasse gebeten und da kommt wohl einiges zusammen. Die Steuerlast in Rum soll gegenwärtig viel erträglicher sein als ehedem. Kunststück – die tun ja auch nichts mehr für Soziales!»

«Meinetwegen! Geht uns beide ja eigentlich auch nicht viel an!» Maria wechselte das Thema. «Was gab es denn in der Schweiz Aufregendes, seitdem du hier lebst?»

«Sicher die ersatzlose Abschaffung der Wehrpflicht, des Militärs insgesamt und aller Waffen wie auch des zivilen Luftverkehrs!»

«Auf Betreiben des Kalifats, soweit selbst mir bekannt.»

«Stimmt! Aber bei uns musste das Volk darüber abstimmen und tat sich schwer. Das kannst du mir glauben! Beim Luftverkehr schon weniger, obwohl gerade Schweizer gern in der ganzen Welt herumflogen. Aber niemand hatte dem Argument etwas entgegenzusetzen, dass der Sprit unbezahlbar geworden war und man Flugzeuge nicht aus den verfügbaren Energiequellen betanken konnte. Immerhin gab Rum im Gegenzug beim Schwerverkehr nach. Laster im Transit obligatorisch auf die Schiene, weg von den Alpenpässen! Das half zum erwünschten Wahlergebnis, wenn auch knapp.»

«Ist doch alles im grünen Bereich, Tantchen! Für Warenumschlag wie Personenverkehr haltet ihr eure Eisenbahntunnel vor, das Kalifat gute und schnelle Schiffsverbindungen. Davon profitiert nicht allein die Familie Elmer auf ihrer Lustreise nach Auckland!»

«Du sagst es, Maria! Genauso bequem und noch viel schneller sind moslemische Feriendestinationen zu erreichen, wie die am Roten Meer und neuerdings am Strand von Gaza, wo in den Hotels sogar Wein ausgeschenkt werden darf! Kommen die Touristen doch zur Erholung, gleiche Vokabel wie Genesung! Als Heilmittel gestattet der Koran den Genuss gegorenen Traubensaftes! Die Aussprüche des Propheten sind unverrückbar, doch auf die Auslegung kommt es an! Da lässt die Sunna den Schriftgelehrten so manches zu, wenn es ihnen nur in den Kram passt. Wie die Kreuzschifffahrt – von der selbst Sindbad der Seefahrer noch nicht einmal träumen konnte! Jetzt betreiben kalifische Reedereien ihr Geschäft mit Allahs Segen!»

«Ist doch super! Ich wollte Axel schon immer dazu überreden, aber er gondelt lieber mit seinem Segelboot um die Inseln herum, die Auckland vorgelagert sind und ihn an seine Vorfahren mütterlicherseits erinnern. Freie britische Bauern entsorgten ihre jüngeren Söhne nach Neuseeland ...», geriet Maria in Fahrt. «... im Gegensatz zu denen des Adels. Die liessen es sich lieber im Hochland von Kenia gut sein, ihre Latifundien von Indern verwalten und die Einheimischen darauf schuften, während sie selbst tagsüber Grosswild jagten und abends Frauen und Töchter ihrer Nachbarn verführten! Dann gab es noch die ganz schlauen Briten gehobenen Standes. Die zog es nach Südafrika, wo sie mit etwas Grips schnell zu Vermögen kommen konnten. Doch was schwatze ich da! Wo bleiben unsere Männer? My God, es ist schon tea-time!»

* * *

Maria Elmer hatte sich vor dem Portal des Palace Hotels kaum auf den Rücksitz des Rollstuhls geschwungen und von Lisa in deren Wohnung bringen lassen, als Delinda Malt über ihr Handy ein Robotaxi für zwei Personen bestellte. Das stand im Nu bereit. Neben ihr stieg Julian Elmer ein und schwieg. Doch als sie den Knopf zur Eingabe des Zielortes mit dem Zeigefinger drückte, fühlte sie plötzlich seine Hand auf der ihren.

«Um es von Anbeginn klar zu machen», wies sie ihn ohne jede Schärfe in der Stimme zurecht, «wünschen weder meine Finger von den deinen anzügliche Streicheleinheiten, noch wird in meiner Schnute deine Zunge je etwas zu suchen haben! Aber du kannst Letztere ruhig dazu benutzen, mir etwas über euer Land zu erzählen. Dann sage ich dir auch, warum ich nicht mehr in Brasilien lebe!»

Julian zog artig seine Hand zurück und verrenkte den Muskel seines heruntergefallenen Unterkiefers zu einer spöttischen Grimasse. «Gern!»

«Okay», lenkte Delinda ein, während das Robotaxi gemächlich und ohne Zutun der Insassen die gewundene Auffahrt zum Golfplatz meisterte, «wie lebst du so in Neuseeland? Mit Weib und Kind, einer festen Freundin, oder allein? Was tust du beruflich und womit verbringst du deine Freizeit?»

«Recht viele Fragen auf einmal, Cousinchen – wenn ich dich so nennen darf! In Neuseeland wird Sport ganz gross geschrieben. Wir haben ein Segelboot, 18 Meter lang und mit allen Schikanen. Darauf verbringen wir viel Zeit, Verheiratet war und bin ich nicht. Freundinnen gab es schon, aber die Richtige war noch nicht darunter. Ebenso wenig empfinde ich zu zweit lebenden Männern – um es neutral auszudrücken – ihre Glückseligkeit nach. Beruflich bin ich selbständiger Unternehmer unter meines Vaters Fuchtel. Wenn du es genauer wissen möchtest, besitzen wir Betriebe zur Herstellung von Briefumschlägen – ja, zum Eintüten beschriebenen Papiers! Du ahnst nicht, wie viele davon gebraucht werden. Dad hat eine Maschine erfinden lassen, da hängst du an einem Ende eine Papierrolle von Dampfwalzenformat hinein, am anderen kommen die Kartons mit fertig bedruckten Couverts heraus, wie Firmen sie zuhauf benötigen. Zugegeben, im Internetzeitalter wird weniger mit der Post verschickt – aber immer noch genug für unseren Umsatz. Wir fertigen inzwischen auch in Australien, Kanada und Irland. De jure bin ich CEO. Leider redet Dad mir ständig hinein. Er ist Chairman und die Familiengesellschafter fressen ihm aus der Hand, wie unsere Mitarbeiter und Kunden. Was soll ich da unnötig Wind machen? Ich lasse ihn gewähren und wir kommen prächtig miteinander aus!»

Ehe Delinda sich zu dieser offenherzigen Beichte äussern konnte, hielt das Gefährt vor dem Eingang zum Luzerner Golfclub von 1903.

«Netter alter Laden», bemerkte der Neuseeländer.

«Hat es aber in sich! Der Parcours geht auf und ab zwischen 550 und 650 Höhenmetern über dem Meeresspiegel. Gerät man leicht ins Schwitzen! Doch verarzten wir dich erst einmal mit dem Notwendigen, kaufen ein paar Klamotten und schlagen dann zwei Dutzend Bälle auf der Driving Range, damit ich sehe, wie viel von dir so zu halten ist.»

Was Julian am Übungshang zu bieten hatte, fand Delinda dann eher dürftig. Ohne den wahren Beweggrund zu nennen, schlug sie überraschend vor, auf das Spiel zu verzichten. Sie hätte mehr Lust, mit ihm auf einer Bank zu sitzen und die im Robotaxi begonnene Unterhaltung in aller Ruhe fortzusetzen. Ganz in der Nähe gäbe es auf einer Anhöhe nahe dem 17. Loch, eine Holzbank mit fantastischem Blick auf die Berge.

Julian war sofort dafür zu haben. Schon auf dem kurzen Weg zu Delindas bevorzugtem Sitzplatz nahm er das Gespräch wieder auf.

«Wie lebt es sich heutzutage in Brasilien? Von dort stammst du doch?»

«Stimmt! Meine Eltern besitzen eine Farm in Bahia. Dort bin ich aufgewachsen. Vater brachte mich vor fünfzehn Jahren in die Schweiz», log sie. «Damals gab es noch den Flugverkehr. Ich sollte in einem piekfeinen Internat für unbefleckte Jungfrauen lernen, was Brasilien nicht zu bieten hatte, vor allem Sprachen. Bohre nicht weiter nach, wieso ich noch hier bin und es zu nichts weiter gebracht habe als zur Konkubine von Herrn Doktor Martin Jost!»

«Wenngleich ich ein neugieriger Typ bin, ist mir dein Wunsch ein Befehl! Doch erzähle ein wenig von deiner Heimat. Bei uns hört man so gut wie nichts über Lateinamerika!»

«Dort genauso wenig über Neuseeland oder die Schweiz. Nicht nur für Brasilianer ist ihr Heimatland der Nabel der Welt! In ganz Lateinamerika ticken die Uhren politisch wie vor hundert Jahren. Ob von abgehobenen Operettengenerälen, Gewerkschaftsbonzen oder ähnlichen Irren wird die Präsidentschaft möglichst von einer Generation zur nächsten durchgereicht. Sie leben in Saus und Braus hinter den Mauern ihrer Paläste und erscheinen mit Schärpe und Orden von Zeit zu Zeit auf dem Balkon, um sich bejubeln zu lassen. Seit Ewigkeiten angesagt ist linker Populismus. Man buhlt um die Gunst der kleinen Leute und überschüttet sie mit Wohltaten. Stirbt man im Amt, bietet sich die Witwe zur Nachfolge an, meistens eine ehemalige Sängerin. Die Zeche wird von Grundbesitzern und Fabrikanten bezahlt, denen man gerade noch genug zum Überleben lässt, damit sie ihre Betriebe weiterführen. Von Zeit zu Zeit gibt es da oder dort mal eine unverhoffte Revolution und ein neues Arschloch zieht im Palast ein. So jedenfalls pflegt es mein Vater auszudrücken. In Wirklichkeit geht es uns gut. Wir haben stets genug Sprit im Tank unserer kleinen Flieger, um damit auf Nachbars Piste um die Ecke zum Tee einzuschweben, Und wenn es uns in die Ferne treibt, sind Miami und New York immer noch die erste Wahl. Ich mache da eine Ausnahme. Seit der interkontinentale Flugverkehr kaputt ist, bin ich nicht mehr daheim gewesen. Da muss ich auch keine dummen Fragen nach meinen Lebensumständen in der Schweiz beantworten. Das wäre es!»

«Spannend! Viel mehr hat sich in Neuseeland auch nicht bewegt – soweit ich in die Vergangenheit schauen kann, jedenfalls zurück bis etwa 2015. Über uns schwappte auch gerade die Welle hirnrissiger Gutmenschen hinweg, die an dem Ast sägten, auf dem sie sassen. So kroch die Regierung den Maoris in den Allerwertesten, nur weil sie eine Weile vor uns eingewandert waren, aber nichts zuwege gebracht hatten. Zum Glück ist man von dem Schmusekurs wieder abgekommen und sonnt sich, gemeinsam mit anderen Überlebenden des einstigen Britischen Imperiums wie Aussies, Kanadiern, Iren und Walisern – lieber im Glanz der guten, alten Monarchie. King George VII. gibt uns häufig die Ehre mit seiner betagten H.M.S. ‹Britannia IV.›, soweit es bei den Entfernungen zwischen seinen Domizilen die hohen Treibstoffkosten zulassen. Im Übrigen hat in Neuseeland der Sport das Wort, womit eine athletische Missgeburt wie ich kaum wahrgenommen wird.»

Zu Julians freudigem Erstaunen rückte Delinda Malt etwas näher an ihn heran. «Du solltest dein Licht nicht so oft unter den Scheffel stellen, Junge!» Ihre Stimme klang plötzlich anders, ungleich sanfter. «Der legendäre Sir Winston Churchill stand auch über seiner Figur und dem Sport, er war aber eine der faszinierendsten Persönlichkeiten der neueren Geschichte! Selbst bei brasilianischen Gymnasiallehrern!»

«Mag sein! Wohl Britanniens letzter Kriegsheld Der Dicke besiegte die Wehrmacht unter dem Monstrum Adolf Hitler und führte das Ende aller ruhmreichen Feldzüge und blutigen Schlachten herbei! Ich finde übrigens, dass die letzten hundert Jahre unseren Globus nicht viel verändert haben. Lassen wir einmal den Niedergang der USA zur Multi-Kulti-Bananenrepublik ausser Acht und ...»

«... den Aufstieg des Islam mit seinem Kalifat zur Grossmacht vielleicht auch! Lebt ihr denn im Wolkenkuckucksheim, dahinten auf eurer Insel am Ende der Welt?»

«Nein umgekehrt, an deren Anfang! Wir haben nämlich schon Mittag, wenn bei euch gerade der neue Tag beginnt. Doch Spass beiseite und zugegeben – in der Welt hat sich Einiges getan! In dem Zusammenhang: Weshalb bekam Martins legendärer Vater eigentlich den Friedensnobelpreis?»

«Wenigstens das solltest auch du wissen! Kommt doch nicht alle Tage vor, schon gar nicht in der eigenen Familie! Gustav Jost lieferte den Schlüssel zur Beilegung eines weltpolitischen Dauerbrenners, des so genannten Nahostkonfliktes!»

«Okay! Waren sich da nicht Juden und Araber an die Gurgel gegangen wegen des Besitzes eines winzigen Fleckchens Erde ...?»

«... das es aber in sich hatte! Drei oder vier Generationen hielt dieser Zwist auf Trab, vergiftete bald achtzig Jahre lang die internationale Atmosphäre! Das lehrte man uns sogar an der Schule von San Salvador do Bahia! Aber mein Hobby sind

Geschichte und Politik nicht. Lassen wir das Thema. Erzähle mir lieber, wie und wo man sich nach dem Sport in Auckland amüsiert. Oder existiert bei euch nicht einmal so etwas wie ein Nachtleben?»

Das plötzliche Auftauchen seines Vaters in Begleitung von Martin Jost enthob Julian Elmer der Peinlichkeit, sich blamieren oder lügen zu müssen. Er hatte keine Ahnung vom Nachtleben in Auckland – wenn es denn ein solches gab.

«Hallo, Daddy!»

* * *

Martin Jost hatte Axel Elmer in seinem Büro auf einen der beiden am Schreibtisch für Besucher vorgesehenen Lehnstühle komplimentiert, um sich dem Studium eines Dossiers zu widmen und offenbar dazugehörige Dokumente zu unterzeichnen. Dies getan, legte er mit einem Seufzer der Erleichterung den Federhalter ab und schaute auf.

«Welch ein Segen, dass wir uns hierzulande nicht länger mit illegalen Immigranten herumschlagen müssen, wenn auch ganze Hundertschaften von Anwälten Jahrzehnte lang blendend daran verdienten. Doch uns Steuerzahler kostete der Unfug Milliarden! Damit ist jetzt endgültig Schluss!», resümierte er. Wohl weniger, um seinem innersten Gefühl Ausdruck zu geben, als mit der Rechtfertigung seiner Betriebsamkeit den geduldig wartenden Verwandten bei Laune zu halten. Dem kam dazu gleich eine Frage.

«War nicht schon deinem Vater Entscheidendes eingefallen, die Flut der Migranten spürbar einzudämmen? Ich sah sein

Porträt als frischgebackener Friedensnobelpreisträger als einzigen Wandschmuck in eurem Vestibül hängen!»

«Direkt eigentlich nichts. Wohl war ihm die Entwicklung des so genannten Asylwesens von Anbeginn zuwider gewesen. Dazu muss man sich an die Zeit nach dem Zweiten Weltkrieg erinnern. Hypersensible Politiker, für Papa Nestbeschmutzer, meinten sich damals Büsserhemden überstreifen zu müssen, weil die neutrale Schweiz nicht allen vom deutschen Diktator Hitler Verfolgten, vornehmlich Juden, Asyl gewährt hatte. Also machten sie Stimmung für ein Gesetz, das jedem ein Bleiberecht garantierte, dessen Leib und Leben in seiner Heimat bedroht war. Bei unseren Nachbarn gab es solche Bestimmungen auch. Deren um sich greifender Missbrauch trug am Ende dazu bei, dass sich die lieben Deutschen, Franzosen, Italiener, Holländer und ein Teil der Briten unversehens als Untertanen des islamischen Kalifen wiederfanden!»

«Würdest du mir genau das bitte genauer erklären? Es könnte etwas mit dem Problem zu tun haben, über welches ich mit dir sprechen möchte!»

«Gern, lieber Axel! Ich bin hier fertig und nun ganz der Deine. Wäre dir nach einem Spaziergang im Grünen? Vielleicht am nahen Dietschiberg, wo es einen herrlichen Wanderweg rund um den Golfplatz gibt? Da täten wir unseren Wänsten etwas Gutes und blieben ungestört!»

Zehn Minuten später hatte Martin sein privates Elektromobil auf dem Parkplatz des Golfclubs abgestellt.

«Ehe du endlich zu Wort kommst, noch schnell die Beantwortung deiner Frage», griff er den Gesprächsfaden bei Beginn des Rundwegs wieder auf. «Es kamen nämlich nur wenige tatsächlich politisch Verfolgte, dafür ganze Heerscharen vorwiegend moslemischer Jünglinge, die auf Kosten der Gastländer einfach besser leben wollten. Den daheim angeblich Bedrängten wurde erst einmal die gleiche Unterstützung zugebilligt wie unbemittelten Einheimischen, was die jungen Männer aus den übervölkerten Regionen südlich des Mittelmeers weidlich ausnutzten. Auf irgendeine Weise eingeschlichen, suchten sie flugs um Asyl nach und ergaunerten sich mit Hilfe willfähriger Anwälte erst einmal ein provisorisches Bleiberecht, das man mit Rekursen zur nächsthöheren Instanz beliebig ausdehnen konnte Dann gaben sie sich mit nachgeholten Frauen der Zeugung einer Vielzahl von Nachkommen hin. Die lagen den europäischen Steuerzahlern dann zusätzlich auf der Tasche. Natürlich hätte man dem Unwesen durch schlichte Gesetzesänderung beizeiten einen Riegel vorschieben können. Leider war aber als Reaktion auf die Kriegsgräuel weitgehend Humanitätsduselei angesagt. Bei unseren Nachbarn hatte das Volk überdies nur die Wahl zwischen dem einen oder anderen Berufspolitiker. Die waren mehrheitlich links gestrickt oder trauten sich nicht, den Auswüchsen von Political Correctness Paroli zu bieten. Die Mehrheit der Schweizer war da weniger zimperlich und setzte per Volksentscheid zumindest die Ausschaffung straffälliger Pseudo-Asylanten durch. Die uns dann verbliebenen Moslems waren entweder brauchbare Leute oder sie zogen den Umzug dorthin vor, wo der politische Islam durch die unaufhörlich wachsende Anzahl von ihresgleichen bereits auf dem Vormarsch war.

Vaters Erfolgstory hing höchstens indirekt damit zusammen. Ursprünglich wollte er sich nur der Lösung des Nahostkonflikts annehmen. Zum segensreichen Vermittler prädestiniert, kam ihm dabei auch die Zeit zugute. Sein Plan plumpste wie eine reife Frucht vom Baum der Erkenntnis! Israel konnte gegen das plötzlich zur führenden Weltmacht aufgestiegene Islamische Kalifat einfach nicht mehr anstinken. Unser Papa hatte sich erst aus der Literatur schlau gemacht und dann seine diversen Ansprechpartner aufgeklärt. Die Ahnen der vorwiegend aus Osteuropa nach Palästina geströmten Juden hatten nämlich überhaupt nicht dem Volk Israel angehört, sondern waren vielmehr Abkömmlinge des in Südrussland angesiedelten Turkvolkes der Khasaren. Das hatte sich im frühen Mittelalter rein aus politischem Kalkül zum Judentum bekannt. Damit verpuffte der Hebräer moralisches Anrecht auf das Heilige Land als das ihrer Väter! Der Umstand liess sich nicht lange verdrängen. Plötzlich wurde den Israelis khasarischer Herkunft – auf Papas Drängen wohlgemerkt – vom Kreml eine neue Heimstatt angeboten, nämlich ihre alte!

Nach ihrem Ärger mit der Ukraine war den Russen – gerade auch vor Ort zwischen Don und Weichsel – der Zufluss tüchtiger Leute willkommen, würden die ihnen doch jede Menge Bauland abkaufen, mit Wissen und Können zu einem besseren Leben verhelfen und die noch von sowjetischer Trägheit geprägte Gesellschaft aufmischen. Das Kalifat erwarb Palästina kampflos und bekam obendrein noch Geld von den reichen Juden Amerikas. Wenn das kein Geniestreich gewesen ist! Den Friedensnobelpreis hatte Papa durchaus verdient!»

«Danke, Martin! Mein Kompliment übrigens, der Apfel fällt eben nicht weit vom Birnbaum! Doch schau her: da sitzen unsere jungen Leute und schwatzen friedlich. Hätte ich bisher auch nicht für möglich gehalten! Tut Julian gut. Er arbeitet zu viel, hatte letzthin nichts als Pech in der Liebe!»

* * *

Delinda kicherte. Sie schien nicht einmal enttäuscht, ihren Liebhaber gemeinsam mit Julians Vater nur ein paar Atemzüge verweilen und nach einem knappen «na, dann bis später» schon wieder hinter den Bäumen am Abhang zwischen zwei Spielbahnen verschwinden zu sehen. Im Gegensatz zum Schwall ihrer ätzenden Sprüche gurrte die Schöne jetzt wie die Friedenstaube von Picasso. Fand Julian, der ihr kühn auf Tuchfühlung rückte. Sie nahm es nicht nur widerstandslos hin, sondern strich – fast schon zärtlich – mit den Fingerspitzen ihrer Rechten über seine Handfläche. Er sah ihr tief in die Augen, was sie prompt erwiderte.

«Falls du doch einmal Lust auf Brasilien verspürst, solltest du gleich eine Weltreise daraus machen! Einmal rund um den Globus. Nur bitte nicht zu lange warten! Noch haben sich verkehrstechnisch bisher ja nur das Islamische Kalifat, dessen moslemische Trabanten, Russland und China vom Himmel abgekoppelt. Aber anderen geht auch der Sprit aus oder er wird zu teuer. Vorerst sind wir zum Glück am freien Firmament über Pazifik und Atlantik noch international an den guten, alten Luftverkehr angeschlossen. Die Royal Anglo Saxon Airline fliegt dich von Auckland nach Toronto. Von dort hast du Linienflüge nach Los Angeles. Kalifornien ist trotz allen Elends der Vereinigten Staaten noch immer eine Reise wert. Ich käme dir gern dorthin entgegen, auch um dich zur Weiterreise nach Brasilien zu überreden. Rio wäre ein Zielort!»

«Ich denke wohlwollend darüber nach und erkunde inzwischen das Nachtleben von Auckland – für alle Fälle!»

«Gut zu wissen!» Ihre dunklen Samtaugen hielten seinem Blick stand. Verheissungsvoll, wie er sich einbildete.

* * *

Axel Elmer räusperte sich. «Vielleicht war ich eben etwas kurz angebunden, mit unseren jungen Leuten. Aber da gibt es …»

«… ein Problem, über das du mit mir reden möchtest. Leg los, Axel, wo drückt dich der Schuh?»

Der Neuseeländer hüstelte wieder. Diesmal ausgiebig. «Welchen Einblick hast du als neutraler Schweizer, Sohn von Gustav Jost und Kenner der Materie, ins Islamische Kalifat? Schaust du dort hinter die Kulisse von Frieden, Freude, Eierkuchen?»

Die Frage traf Martin Jost unvorbereitet. Er verlangsamte seinen Schritt.

«Das tönt, verzeih mir, ein wenig voreingenommen! Im interkontinentalen Staat von König George VII. scheint man noch immer Vorbehalte gegenüber dem politischen Islam zu nähren, die ich als haltlos erachte. Auch wenn sich gewisse Leute berufen fühlen, weiterhin auf der Strafjustiz kalifischen Zuschnitts herumzuhacken: Hand ab, Deportation, Todesstrafe. Das durchaus humane Arbeitslager vergleicht selbst Lisa mit Adolf Hitlers KZ. Doch bedenke: Die Nazis mordeten in Vernichtungslagern unschuldige Menschen, nur weil sie jüdischer Herkunft waren. Dagegen verbannt man im Kalifat nach Recht und Gesetz verurteilte Straftäter aller Schattierungen an friedliche Plätze, wo sie sich – meist an der frischen Luft – noch nützlich machen können. Für die Allgemeinheit weit weniger aufwendig, als sie in teure Gefängnisse zu stecken. Selbst wir in unserer vorbildlichen Demokratie sind doch davon abgekommen, verurteilten Kriminellen in gut beheizten Anstalten ein angenehmes Dasein mit Internet und TV zuzubilligen, dazu uneingeschränktes aktives Wahlrecht! Es bleibt nach dem Volksentscheid von 2025 nun auch bei uns in der Schweiz die politische Mitbestimmung dem unbescholtenen Bürger vorbehalten, der Straftäter wird härter herangenommen als zu Zeiten der Schmusejustiz. Aber da schweife ich wohl von deinem eigentlichen Thema ab, meiner Beurteilung der Situation in Rum unter dem jetzigen Statthalter.

Den verstorbenen Gross-Emir – der Allmächtige und Barmherzige habe seinen Knecht selig, oder so – mochte ich sehr wohl leiden. Mein Vater ordnete ihn als ehrenwerten alten Herrn mit allen Eigenarten eines wohlmeinenden Herrschers ein, in der Amtssprache von Rum den perfekten Benevolent Ruler, dem Papa gelegentlich seine Aufwartung in Brüssel machen durfte mit streng vertraulich zu behandelnden Dossiers unseres eidgenössischen Bundesrates. Einmal, nicht lange vor dessen Tod im Jahr 2033, war ich dabei. Papa war begierig, mich als seinen Nachfolger vorzustellen.

Bei der Gelegenheit lernte ich neben dem alten Statthalter dessen engsten Vertrauten kennen, einen gewissen Mohamed Ali. Dieser etwa 45-jährige gebürtige Teutone wirkte neben seinem Chef blässlich und das nicht nur wegen der Hautfarbe! Zweifelsfrei stammte er aus Sachsen. Vom grauenvollen Tonfall seiner Heimat und dem Rauschebart des bekennenden Konvertiten abgesehen, machte er jedoch nicht den schlechtesten Eindruck. Seines Zeichens gelernter Informatiker, war er offenbar dem Gross-Emir bei der Handhabung elektronischer Gerätschaften geschickt zur Hand gegangen. Betagte taten sich mit dergleichen früher noch schwer. Der Statthalter war im Alter von Papa, der mit Rechner und Smartphone auch nie ganz klar kam.

Bin ich zu langatmig? Machen wir es kurz! Bei seinem greisen Chef hatte sich der Sachse so sehr lieb Kind gemacht, dass ohne ihn in Rum bald nichts mehr lief. Auch in Istanbul musste er mit Erfolg seine Pflöcke eingeschlagen haben, denn kaum war der alte Herr gestorben, sein Harem in die dafür vorgesehenen Witwenkammern des alten Serails am Bosporus entsorgt, wurde durch Fatwa des Kalifen kein anderer als dieser Mohamed Ali zum neuen Statthalter in Brüssel ausgerufen!

Wie gesagt, ich hatte auf den ersten Blick wenig Wesentliches an ihm auszusetzen. So vornehm und zurückhaltend wie sein Vorgänger kam er dann allerdings nicht daher. Das seit Antritt der Nachfolge überall in Rum von den Wänden glotzende Konterfei des jungen Landesvaters lässt leider nicht nur auf eine gute Portion Eitelkeit schliessen. Der Mann ist furchtbar selbstherrlich und inszeniert sich als grosser Führer! Am Abend nach der offiziellen Amtseinführung durchquerte ein Fackelzug seiner jubelnden Anhänger die Hauptstadt – was Historikern irgendwie bekannt vorkam und reichlich geschmacklos obendrein. Es gab auch gleich eine Reihe repressiver Verordnungen, die zu denken gaben. Ich war inzwischen ein einziges Mal in Brüssel. Das hohe Tier empfing mich im

Kreis von Mitarbeitern, erkundigte sich leutselig nach Papas Befinden, richtete ihm Grüsse aus. Für ein Gespräch über das mir am Herzen liegende Thema reichte es indes nicht. Er hatte plötzlich keine Zeit und verwies mich an einen der anwesenden Unterlinge. Ich habe vergessen, worum es ging. War wohl für ihn zu unwichtig; nichts, womit er punkten konnte. Kurzum – für mich ist der Mann ein Blender! Aber kein arger Bösewicht wie weiland Hitler, Stalin, Mao & Co! Ein rassistischer Diktator? Nein, dafür gibt es bei ihm bis jetzt nach Jahren in Amt und Würden keinen Anhaltspunkt! Ihres Glaubens wegen werden weder Christen noch Juden, geschweige denn Atheisten ...»

«... aber vielleicht doch eine bestimmte Klasse von Mitbürgern verfolgt!», unterbrach Axel mit sichtlicher Ungeduld. «Oder wenigstens führt der Gross-Emir etwas gegen diese Leute im Schilde, soweit ich sehr vertraulich unterrichtet bin!»

«Wie bitte?»

«Hör zu, Junge!», rief Axel dem zwanzig Jahre Jüngeren ungewollt ihren Altersunterschied in Erinnerung, «Ich stand deinem Vater eigentlich nicht nahe genug, mir der Trauerfeier wegen etliche Wochen Abwesenheit von unserem Büro zu leisten. Maria und Julian hätten das auch allein besorgt! Aber ich wollte dringend und unter vier Augen mit dir sprechen, dem einzigen ...», er vergewisserte sich, dass auch wirklich kein Lauscher in der Nähe sein konnte und fuhr erst nach einem Seufzer fort, «... Vertrauenswürdigen in der Familie meiner Frau, der du dazu noch durch deine Lisa von Lerchenfels einen Draht zum alten europäischen Adel hast!»

Martin hatte die Frage auf den Lippen, was wohl der moslemische Statthalter von Rum mit dem stur christlich gebliebenen Adel zu tun haben könnte, hielt sich aber zurück.

«Ich bin ganz Ohr!»

«Du selbst hast eben diesen Mohamed Ali von Rum mit Adolf Hitler verglichen!»

«Halt, mein Lieber, das habe ich gerade nicht!»

«Nun gut, du hast die beiden nicht gleichgesetzt, aber in einem Atemzug genannt! Wir Nachgeborenen kennen die deutschen Nazis ja auch nur aus der Geschichte. Onkel Gustav und Tante Lisa hatten wenigstens noch Kontakt mit Zeitzeugen, darunter auch Adeligen, von denen wohl Etliche in das misslungene Attentat auf den Diktator verwickelt waren.»

Axel machte eine Pause. Sollte er wirklich Martin Jost ins Vertrauen ziehen?

«Als ich noch ein Bub war», brachte der ihn ungewollt aus dem Konzept, «sprachen Lisa und Vater gern über jene alten Zeiten. Sie verstanden nicht, dass man mir davon so wenig in der Schule beibrachte!»

«Zu meiner Schulzeit», hakte der Ältere ein, «wurde deutsche Geschichte aus englischer Sicht dargestellt. Demnach hatte es in den 1930ern mit Beginn des Naziregimes zunächst einmal einen spürbaren Aufschwung der Binnenwirtschaft gegeben, Arbeit und Brot für alle, eine schwindende Kriminalität, aber auch die Ächtung moderner Kunst, Mode und Musik. Nicht nur eröffneten sich der gehätschelten Lower Middle-Class neue Perspektiven. Auch die Angehörigen gehobener Schichten, Gutbürgerliche und Adlige wärmte der Schein neuer Prosperität, soweit ihnen diese wichtiger war als kulturelle Vielfalt und

Meinungsfreiheit. Gleichwohl gab es Etliche, die nur so taten, als ob ...»

«Mitläufer!», stellte Martin klar.

«Danke!» Axel atmete tief durch. «Das bringt mich der Sache ein Stück näher. Die Sorte Mensch wurde inzwischen umbenannt in Konvertiten! Eine Ähnlichkeit zwischen einst und jetzt vermag ich in Bezug auf Rum nicht in Abrede zu stellen. Wenn auch damals nach nur sechs guten Jahren die Katastrophe des Zweiten Weltkriegs und das Ende der Naziherrschaft folgte, die Moslems aber nun schon ein Vierteljahrhundert dort das Sagen haben. Mit einer friedliebenden Weltmacht wie dem Kalifat im Rücken braucht es eben nur noch des wohlwollenden Landesherrn, um ein Volk bei Laune zu halten.»

«Einverstanden! Unser guter, alter Mohamed Abd Allah war zum Glück eben alles andere als ein Fiesling!», brummte Martin und wollte wieder einen flotteren Schritt vorgeben. Axel hielt ihn jedoch am Ärmel zurück.

«Bringst du es nicht genau da auf den Punkt? Beim vorigen Statthalter war die alltägliche Welt von Rum noch in Ordnung und jeder Vergleich mit der hässlichen europäischen Vergangenheit unangebracht, selbst wenn man von vornherein Konvertiten im höheren Staatsdienst wie bei akademischen Berufen den Vortritt gab und von echter Meinungsfreiheit nicht mehr die Rede sein konnte. Das räumte auch mein blaublütiger Gesprächspartner ein. Aber dann kam er mit etwas Haarsträubendem. Das hat mir seither den Schlaf geraubt, zumal kurz darauf von anderer Seite in die gleiche Kerbe gehauen wurde. Bei uns in Auckland gibt es nämlich eine Clique von vornehmen Franzosen, viel Hochadel, darunter Abkömmlinge von Bourbonen oder so. Einer von denen gab mir zu verstehen, dass ihm die Angst im Nacken sitzt. Angehörige seines Standes, behauptete er, machten sich derzeit in ganz Rum um ihre Zukunft schreckliche Sorgen. Der jetzige Machthaber sei ein labiler charakterloser Jämmerling, umringt von Seinesgleichen, üblen Typen, Konvertiten aus kleinbürgerlichem Milieu, Psychopathen, Speichelleckern oder allem zugleich. Diesen Kreaturen wäre ein abgrundtiefer Hass gemein auf alles, was ihnen nach Tradition rieche, Rückgrat zeige. In ihrem Schwachsinn würden sie diesen Groll ausgerechnet auf Angehörige des alten europäischen Adels richten. Sie lasteten den Aristokraten die Pflege überholter Gebräuche an, einen mit Beständigkeit im christlichen Glauben übertünchten Kastengeist, elitäre Marotten dünkelhafter Vorgestriger. Kurzum: Adel gleich fossiles, gesellschaftlich irrelevantes Kuriosum, das ausgerottet gehört! So angeblich das Geflüster hinter vorgehaltener Hand, wie man sich zum Glück schon der Monarchien entledigt habe, ausser einer! Schlimm genug, fand ich, um einen mit der Materie vertrauten Schweizer Diplomaten zu konsultieren, wozu mir ein solcher in deiner Person auch der Mann mit Einfluss in den Sinn kam!»

«Nun mal langsam! Soweit ich weiss, traten die letzten Könige und Königinnen freiwillig zurück, damit die europäischen Kleinstaaten im Islamischen Kalifat aufgehen konnten. Eure Majestäten, denen nur ihr schönes England abhanden kam, repräsentieren ungehindert eine interkontinentale Weltmacht – immerhin!»

«Scherz beiseite, Martin, wenden wir uns bitte dem eigentlichen Übel zu. Da scheint sich etwas Arges zusammenzubrauen! Wird vielleicht in aller Heimlichkeit und Stille auf beiden

Seiten aufgerüstet, wenn bislang auch nur im Sandkasten? Ehe in Rum die ersten Menschen auf Nimmerwiedersehen verschwinden, nur weil sie vom Namen her dem ehemaligen Adel angehören, müssten dessen Standesorganisationen ...»

«... ich bitte dich, Axel, solche existieren doch gar nicht mehr. Nirgendwo!»

«Frage Lisa, sie sollte es besser wissen! Die Protagonisten sind längst wieder enger aneinandergerückt, getarnt als harmlose Jagdgesellschaften, Literaturzirkel oder was immer, wäre ja auch okay! Bitte, Martin, gehe der Sache nach, sie ist todernst und brandeilig! Wirst du es mir versprechen?»

«Kann ich dir doch wohl schlecht abschlagen!», kapitulierte Martin schulterzuckend. «Ich werde mich also in die Höhle des Löwen begeben und mich umhören, mit jostischer Diskretion, wohl verstanden! Danach erhältst du von mir eine Mail über, sagen wir: Kopfbedeckungen. Käme Hut darin vor, müssten deine Freunde auf der Hut sein. Dagegen stände Kappe für einfach närrisch, also Entwarnung!»

* * *

Martin Jost kehrte an diesem Abend erst spät in seine Hotel-Suite zurück. Seit dem Gespräch mit Axel Elmer war er nicht zum Nachdenken gekommen. Die beiden hatten nach ihrem Spaziergang Delinda und Julian am Clubhaus des Golfclubs aufgelesen und waren zu viert in Martins Auto zur Seniorenresidenz gefahren. Er habe mit Lisa von Lerchenfels noch kurz etwas zu regeln, erklärte Martin und bat Delinda, die Elmers schon ins Palace Hotel zu fahren. Er werde ein wenig später am

Seeufer entlang zu Fuss nachkommen, um die drei dann zum Bahnhof zu bringen. Dort könnte inzwischen ein Hotelpage ihr Gepäck direkt bis auf das Schiff nach Genua aufgegeben.

«Hat sich mal jemand aus deiner Verwandtschaft über ein ungutes Gefühl geäussert?», fragte er Lisa, nachdem die anderen gegangen waren. «Ich meine im Hinblick auf das Verhältnis der Aristokratie in Rum zum Statthalter?»

«Wie kommst du auf eine solche Frage? Uns unterscheidet doch nichts mehr von anderen Bürgern! Der Adel wurde schon unseren Urgrossvätern aberkannt, fiel in Österreich ganz flach, blieb in Deutschland Bestandteil des Namens. Hat Rum nicht die Praxis fortgesetzt? Die Behörden dort schreiben jedenfalls immer noch Lisa Freifrau von Lerchenfels – gemäss meiner Geburtsurkunde. Ist mir schleierhaft, aber auch völlig egal, wie man anderswo damit umgeht!»

«Das meine ich nicht, Liebes!» Gelegentlich bediente sich Martin solch zärtlicher Anrede, wobei er in Lisa nie mehr als eine mütterliche Freundin gesehen hatte.

«Mir ging nur durch den Kopf, ob bei den Adeligen eine bestimmte Einstellung zum jetzigen Regime in Rum zu spüren ist, abweichend von der übrigen Bevölkerung?»

«Wenn ich das wüsste! Vielleicht teilen wir nicht im gleichen Masse die Euphorie der Bürgerlichen, mit der sie Rums Zugehörigkeit zum Kalifat als das allein Seligmachende hochjubeln. Wie drückte es doch neulich irgendein Enkel, Vetter oder Neffe aus? Unsere Ahnen hinderten die Muselmanen 735 Anno Domini unter Karl Martel, nach Mitteleuropa vorzudringen, vertrieben sie im Jahr 1492 aus Spanien und mit Prinz Eugen um 1700 herum vom Boden des Heiligen Römischen Reichs. Zu unserer Väter Tage sind sie nun als arme Schlucker durch die kalte Küche wieder hereingeschlüpft, geblieben und haben die Macht an sich gerissen! Hörte sich an wie ein Stossseufzer, mag aber auch nur ironisch gemeint gewesen sein.»

«Gleichwohl zutreffend gesagt!», gab sich Martin zufrieden. Wenngleich Lisa täglich unzählige Ferngespräche mit ihrer Verwandtschaft führte, schien nichts Ungewöhnliches an ihr Ohr gedrungen zu sein, mit dem sie stets Flöhe husten hörte. Oder hatte Axel Elmer nun ihm selbst einen solchen in den Gehörgang gesetzt? Jedenfalls würde er sein Versprechen halten, der Sache auf den Grund zu gehen. Er wollte sich verabschieden, doch die alte Dame bat ihn, sie nicht schon zu verlassen.

«Bitte, Martin, bleibe noch auf ein Glas Wein! Gedenken wir beide unseres lieben Gustav noch ein wenig ganz für uns allein. Niemand stand ihm so nahe wie du und ich!»

Martin willigte ein. Ob der Vater mit ihr je über den jetzigen Gross-Emir gesprochen habe, wollte er wissen.

«Gelegentlich schon», wusste Lisa sofort. «Er konnte den Kerl nicht ausstehen. Mir gegenüber war er da ganz offen. Er wusste, dass auf mein Schweigen absolut Verlass war. Als er das letzte Mal aus Brüssel zurückkam, war er nicht nur verärgert, sondern echt bekümmert. Wenn das man gut geht, sorgte er sich. Dem Vorgänger hatte er immer vollen Respekt entgegengebracht, Moslem hin oder her. Der Neue, dieser bärtige Schrumpfgermane Mohamed Ali, taugte in seinen Augen nichts. Entweder käme er demnächst auf dumme Gedanken oder die Schleimscheisser um ihn herum würden ihn anstiften, zu wessen Schaden auch immer. Zum Glück sah Gustav da wohl allzu schwarz!»

«Hoffentlich!», beendete Martin die Angelegenheit und befragte Lisa nach dem Befinden ihrer Enkel. Bei diesem Thema war die leidenschaftliche Grossmutter in ihrem Element.

«Ich muss jetzt wirklich los, Mami!», gelang es Martin schliesslich, sie zu bremsen. «Selbst wenn ich wie ein Besessener hinüberrenne und die Elmers vor der Hoteltür in ein Taxi zum Bahnhof setze, brauche ich noch mindestens zwanzig Minuten bis in meine Gemächer. Delinda wird unausstehlich, wenn ich erst nach Mitternacht erscheine!»

Obwohl er noch rechtzeitig vor dieser Sperrstunde in der Tür stand, fand er die Freundin in keiner liebevollen Stimmung vor.

«Setz dich, Martin», grummelte sie ungnädig, ohne aus ihrem Sessel zu ihm aufzuschauen, «und höre mir zu! Was ich zu sagen habe, wird dir wenig Freude bereiten.»

Vor ihr stand neben einer nahezu geleerten Rotweinflasche ihr benutztes Glas. Er nahm ein frisches vom Regal und schenkte sich den Rest des Rebensaftes ein. «Soll ich noch eine neue Pulle öffnen?»

«Meinetwegen kannst du es dir sparen. Lass mich reden und kippe hernach einen doppelten Whisky, der wird dir gut tun!»

Ihr Ton gefiel Martin gar nicht. «Dann schiesse mal los!», sagte er gefasst und trank einen Schluck.

«Um es kurz zu machen: Ich werde dich gleich verlassen, für immer! Ein Zimmer hier im Palace habe ich schon bereitstellen lassen. Sobald du mir zum Abschied ein Visum für Rum besorgt hast, eine Fahrkarte bis Dublin, ein Flugbillet von da über Sao Paulo nach Salvador do Bahia, kannst du dich nach einer neuen Gespielin umsehen. Ich bin es satt, als deine Kurtisane mein Leben zu vertrödeln. Du hast mich nicht heiraten wollen. Also werde ich mich nun anderweitig umsehen, ehe ich alt und grau bin. Aber nicht hier in diesem langweiligen Land oder gar im Islamischen Kalifat. Erst einmal will ich nach Brasilien, wo ich hingehöre. Dafür wirst du wohl noch aufkommen können! Leb wohl, Martin Jost, und danke für alles!»

Ein wenig schwankend erhob sie sich, drückte ihm einen flüchtigen Kuss auf die Stirn und verliess die Suite.

* * *

Martin fand sich widerwillig damit ab, wieder einmal so etwas wie ein später Junggeselle zu sein. Er hatte früh geheiratet und nach einer kurzen kinderlosen Ehe eingesehen, dass diese ein Fehler gewesen war. Bald nach der Scheidung hatte er einen zweiten Anlauf genommen mit einer Frau, die ihm als das genaue Gegenteil der ersten erschien. Doch auch dieser Ehe war weder Nachwuchs noch kinderloses Glück beschieden. Man trennte sich in bestem Einvernehmen. In der hübschen Brasilianerin hatte Martin eine ebenso reizvolle wie exzentrische Partnerin gefunden. Nochmals das Risiko von Vermählung und Scheidung einzugehen, wäre ihm nicht einmal im Traum eingefallen. Die Mitte des Lebens überschritten, würde er sehen müssen, was ihm da noch über den Weg liefe.

Erst einmal hatte er anderes im Hinterkopf, liess dafür seine Kontakte zu Bundesbehörden in Bern spielen. Der für auswärtige Angelegenheiten zuständige oberste Beamte bat ihn sogleich zu einem Nachtessen in die Hauptstadt.

«Wir hätten da etwas für dich!», stellte der Chefdiplomat gleich beim Apéro fest. Die beiden hatten einmal in einem Wettspiel miteinander Golf gespielt, was nach Schweizer Art das vertrauliche Du ein für alle Mal besiegelte.

Martin Jost nickte vielsagend, obwohl er am Telefon nur den Wunsch angedeutet hatte, dem Statthalter von Rum in Brüssel aufzuwarten. Doch dessen dortiges Sekretariat köderte er durchaus gern mit der Andeutung, namens der Schweizer Regierung, also des Bundesrats, vorzusprechen.

Schon zum Dessert hatte er den Auftrag in der Tasche, die Alpenrepublik bei einem Seminar zu vertreten, zu dem die Verwaltung des Gross-Emirats nach Brüssel einlud. «Ähnlichkeiten und Unterschiede der drei Weltreligionen» lautete das Thema.

«Du bist als anerkannter Kenner des Islam doch genau der richtige Mann für uns!», war der zuständige Staatsdiener überzeugt. «Über Honorar und Spesen werden wir beide uns schon einig!»

* * *

Die Brüsseler Glaubenskonferenz war auf Anfang Mai angesetzt. Für Martin genug Zeit, seinem Vorrat an Wissen zur angesagten Materie nachzugehen, wie sich diese mit den unterschiedlichen Perspektiven religionspolitischer Philosophie in seinen Gehirnzellen eingenistet hatte. Nunmehr ungestört von einer anspruchsvollen und umtriebigen Gespielin, machte er sich daran, altes Gedankengut wiederzubeleben. Lange Gespräche mit seinem kompetenten Vater hatten die Wissbegierde von

Werden und Wesen des Glaubens früh in ihm geweckt, akademisch befruchtet und zur Liebhaberei werden lassen.

Schon nach wenigen Tagen hatte er herausgefiltert, was ihm zweckdienlich erschien, abgespeichert, mit dem leicht zu merkenden Kennwort ‹Gustavus› verschlüsselt und einmal ausgedruckt.

Reflektionen zum Gottesbegriff bei den drei monotheistischen Weltreligionen

Götter sind Menschenwerk.

Am Anfang machten allein die Urtriebe aller Lebewesen das spirituell ungeordnete Umfeld der Spezies homo sapiens aus – Nahrungssuche diente dem Überleben, Sexualität dem Erhalt der Art und Partnerwahl der Auslese zur Fortpflanzung.

Spätestens mit des Menschen Erkenntnis von der Endlichkeit des Lebens kam – altersbedingt schon nach drei bis vier Jahrzehnten – die Angst vor dem Tod dazu.

Am Ende der letzten Eiszeit drängte die fortschreitende Austrocknung bislang fruchtbarer subtropischer Lebensräume die weiträumig verteilten familienstrukturierten Bewohner an die Ufer verbliebener Gewässer. Niederungen von Flussläufen wie Nil, Jordan, Euphrat, Tigris, Indus, Hoang Ho gerieten zu Ballungsgebieten. Dort nahm vor etwa 8000 Jahren die historische Phase der Menschheit ihren Anfang.

Im ungewohnt engen Miteinander gediehen egozentrische Instinkte wie Habgier, Neid und Eifersucht. Dank unterschiedlicher physischer und psychischer Eigenarten entsprossen diesem Nährboden neben wenigen starken und schlauen Tätern viele schwache und dumme Opfer.

Pyramidale Hierarchien entstanden, an ihrer Spitze Herrscher, an der Basis eine Masse Mensch – das Fussvolk. Zur Festigung ihrer Macht über Letztere bedienten sich Erstere des Phänomens der Angst. Sie ersannen übernatürliche Mächte, die über Leben und Tod des Einzelnen bestimmten, in einer imaginären Welt jenseits der Sphäre menschlichen Daseins das Sagen hatten. Dazu schufen sie nach ihren Vorstellungen urteilende und richtende Gottheiten. Nicht ganz so starke, aber gewiefte Handlanger erklärten die Herrscher selbst zu Göttern oder wenigstens gottgleichen Wesen.

Im alten Ägypten ersetzte Pharao Echnaton die Vielgötterei kurzzeitig durch einen einzigen Gott.

Der Gedanke gefiel den Juden. Sie erklärten einen gewissen Jehova zum Schöpfer der Welt und beanspruchten ihn – als sein auserwähltes Volk – exklusiv für ihre Zwecke. Erst Jahrtausende später erklärte sich einer von ihnen namens Jesus Christus zu des Schöpfers Sohn. Seine Anhänger fügten noch einen virtuellen Heiligen Geist hinzu und nannten das Konstrukt Dreifaltigkeit.

Nach weiteren 600 Jahren erschien zu Mekka in der arabischen Wüste einem gewissen Mohammed die himmlische Vision vom gestaltlosen Allah, der seiner göttlichen Vorgänger Allmacht auf die Plätze verwies – wie auch des Verkünders prophetische Wegbereiter von Moses bis Jesus Christus.

Dem Begründer des Islam kamen dabei geopolitische Umstände zugute. Über das sechste nachchristliche Jahrhundert hinaus hatte ein nicht enden wollender Krieg zwischen Byzanz und Persien die Handelswege zwischen Ost und West verriegelt. Während beide Kämpfer um die Vorherrschaft noch ihre Wunden leckten, fielen von Mohammed zum Islam bekehrte Araber unter ihren Kalifen, den Nachfolgern des Propheten, erfolgreich in die Territorien der vom Rivalisieren erschöpften Grossmächte ein. Diese mussten ihre militärische und kulturelle Führungsrolle an die Kalifen abtreten. Über das frühe Mittelalter hinaus erstreckte sich deren Herrschaft von Südspanien über Nordafrika und den Nahen Osten bis nach Indien. Arabische Seefahrer erkundeten den fernen Indischen Ozean, hielten an dessen Gestaden nicht nur ihre Handelsware, sondern auch den Glauben an Allah feil. In Folge fasste der Islam an den Küsten von Ostafrika, Vorder- und Hinterindien Fuss, drang im Pazifik über Indonesien bis zu den südlichen Philippinen vor. Seit Beginn der Neuzeit erschienen überall dort auch christliche Segler. Vordergründig um das Seelenheil der Einheimischen besorgt, ging es den einen wie den anderen – Moslems wie Christen – um Macht und Einfluss. Letztere hatten das Nachsehen.

Anders die allgegenwärtigen Juden. Mit ihrem überlegenen Grips war es ihnen weder um Mission noch politische Vorteile zu tun – wohl aber ums liebe Geld, welches ihre Konkurrenz übrigens auch nicht verschmähte.

Moslemische wie christliche Eroberer unterwarfen fremde Völker jedoch vor allem aus Herrschsucht. Während die Jünger Jesu zugleich eine zwangsweise Verbreitung ihres Glaubens betrieben, reichte den Verkündern des Islam das Eintreiben von Kopfsteuern. Wer sie entrichtete, mochte seine alten Götter beibehalten. So auch auf dem Subkontinent, wo von Norden islamisierte Perser einbrachen und das Mogulreich gründeten. Die Bevölkerung hielt Vishnu & Co die Stange und zahlte.

Machtentfaltung ging einher mit der jeweiligen intellektuellen, technischen und wirtschaftlichen Überlegenheit. Sie in Erbpacht gehalten hatten seit der Antike die Anrainer des südlichen Mittelmeers, bis sie vom Islam der Araber gleichsam im Schlaf überrollt worden waren. Ab Beginn der Neuzeit zeigten schliesslich reformchristliche Nordlichter, dass sie es noch besser konnten. Den Juden wurde allemal zum Verhängnis, dass sie keinen Gott für alle anzubieten hatten.

Unter dem Strich sind sich Jehova, der Christengott und Allah ziemlich ähnlich. Bleibt jedoch Ersterer allein dem Volke Israel vorbehalten, sind die beiden anderen – nach Meinung ihrer Protagonisten – für alles zuständig, was da auf Erden kreucht und fleucht.

Dieses scharfsinnigen Credo in seiner Aktenmappe, reiste Martin mit der Bahn an, logierte in Brüssels altehrwürdigem Hotel Amigo und fand sich zur festgesetzten Stunde im Berlaymont ein, dem Hauptquartier des Gross-Emirs und seiner Verwaltung. Das dreiflügelige Hochhaus hatte schon der Europäischen Gemeinschaft als Beamtensilo gedient. Ein beflissener Portier begleitete den auswärtigen Besucher auf eine der obersten Etagen und dort in einen getäfelten Besprechungsraum. Dessen Ausmasse und gediegene Einrichtung entsprachen wohl der Bedeutung, die man diesem Seminar beimass.

Zu den Teilnehmern zählten gewichtige Persönlichkeiten. Als Stütze des ständigen Gesandten der Ulema, des Rates islamischer Schriftgelehrten von Al Azhar, war ein hochrangiger Vertreter des Sheich-ul-Islam extra aus Kairo angereist. Der schiitischeAyatollah kam aus Ghom, Bischöfe unterschiedlicher Bekenntnisse belegten die Vielfalt der Christlichen Kirche.

Zuständig für die unterschiedlichen kultischen Belange aschkenarsischen, sephardischen und khasarischen Judentums waren drei Rabbiner. Alle zusammen gaben in ihren jeweiligen traditionellen Roben der Veranstaltung den Anstrich eines Kostümfestes.

Der gastgebende Scheich eröffnete das Seminar mit der persönlichen Vorstellung eines jeden Teilnehmers. Den verehrten Doktor Jost begrüsste er mit besonders wohlwollenden Worten als unabhängigen Kenner der Materie aus dem benachbarten Alpenland. Martin dankte, indem er sich kurz erhob und in die Runde nickte.

Seine Hoheit, der Gross-Emir, habe es sich nicht nehmen lassen, die hochwürdigen Diskutanten am Nachmittag zum Tee in seine Gemächer zu bitten, verkündete der Scheich sodann. Martin horchte auf. Zum einen, weil der Vorgänger Seiner Hoheit höchstens die Bezeichnung Exzellenz für sich in Anspruch genommen hatte, zum anderen wegen der sich so schnell bietenden Gelegenheit, mit Mohamed Ali ins Gespräch zu kommen.

In den drei folgenden Stunden kam jeder zu Wort, der darum bat. Doch hitzige Rededuelle zwischen den geistlichen Kombattanten hätte man vergeblich erwartet. Alle stellten altbackene Evergreens als frische Thesen in den Raum, servierten alten Wein in neuen Schläuchen. Immerhin erkannten sie gegenseitig konfessionelle Besitzstände an. Reihum wurde hofiert und geheuchelt, dass Martin die Ohren dröhnten. Er verpasste seinen Einsatz, als ausgerechnet der päpstliche Gesandte die christliche Dreifaltigkeit kleinlaut zum Missverständnis erklärte. Gott habe sich lediglich in verschiedenen Rollen geübt und man zöge daraus die Lehre, nicht länger im Namen des Vaters, des Sohnes und des Heiligen Geistes Segen zu spenden. Der Kotau des Vasallen vor dem Herrscher war unüberhörbar.

Da eine ausgleichende Stimme als Vermittler weder gefragt noch erforderlich war, schwieg Martin und beschränkte sich darauf, die würdevollen Einlassungen der anderen mit beifälliger Miene abzunicken. Das vorherrschende Konsensbedürfnis als Ersatzbefriedigung war ihm als Schweizer wohlvertraut und geläufig.

Zu Mittag gab es eine Unterbrechung mit Fruchtsäften und feinem Fingerfood, Leckereien aus der privaten Küche des Gross-Wesirs. Martin blieb seiner im Reden geübten Enthaltsamkeit beim Essen treu. Wacker langten die Geistlichen zu. Während wallende Gewänder verschiedenartigen Zuschnitts ihre Wänste mehr betonten als verbargen, entzog des Schweizers modisch gerade wieder zu Ehren gekommener, dunkelgrauer Doppelreiher den darunter nicht wegzuleugnenden Bauchansatz den verstohlenen Blicken der Kuttenträger.

Am Nachmittag war klar, dass Unruhen auf Grund religiöser Meinungsverschiedenheiten in Rum keinesfalls zu befürchten waren. Der zu den ganz hoch angesehenen Schriftgelehrten des Kalifats zählende Scheich aus Kairo revanchierte sich bei seinem hochwürdigen Kollegen aus dem Umfeld des Papstes für die Entfernung des Makels der Vielgötterei aus dem Konstrukt der Dreifaltigkeit mit einer dem Religionsfrieden nicht minder förderlichen Geste. Er rückte jene oft zitierte Sure des Korans gerade, wonach Allah seinen Gläubigen abverlangte, die Ungläubigen zu töten, wo immer man sie anträfe. Diese rein historisch zu wertende Offenbarung beschränke sich – so der Scheich – auf die den Propheten Mohammed seinerzeit in Medina mit

Kriegsmacht arg bedrängenden Mekkaner. Andersgläubige im Besitz des Buches seien damit nie gemeint gewesen – was die Friedfertigkeit des Islam gegenüber christlichen und jüdischen Mitbürgern unterstreiche.

Martin glaubte sich zu erinnern, diese Richtigstellung schon zu Zeiten des ersten Gross-Emirs vernommen zu haben. Immerhin konnte die Wiederholung nach dem Motto *doppelt gemoppelt hält besser* nicht schaden. Das freudige Gemurmel von Christen und Juden gab ihm Recht.

In gelöster Stimmung wurde die Sitzung gegen 16 Uhr erneut unterbrochen, um der Einladung Seiner Hoheit Folge zu leisten. Martins Befürchtung bewahrheitete sich beim Betreten der Belle Etage. Rums erster Gross-Emir Mohamed hatte die sachliche Einrichtung der Empfangsräume vom Präsidenten der Europäischen Union übernommen und nur durch einige in moslemischen Gemächern gebräuchliche Möbelstücke, Farbtupfer und Artefakte ergänzt. Jetzt war das alte Inventar einer Anhäufung monströser Polstergruppen gewichen, vor denen sich der jetzige Hausherr Mohamed Ali in Pose warf. Seine massiger Leib steckte in einer Art Gehrock aus feinstem, mausgrauen Zwirn. Den Hals umschloss ein hoher Stehkragen, das hervorquellende Doppelkinn ein modischer Dreitagebart. Wenn auch solch struppiges Gewächs seinem Träger kaum zur Zierde gereichte, erfüllte es, besser als gar kein Bart, seinen Zweck. Öffentlich Farbe zu bekennen, stand dem weisshäutigen Konvertiten wohl an. Auf dem Kopf trug er den bei zivilen Beamten des Kalifats in Erinnerung an das Osmanische Reich wieder zu Ehren gekommenen ziegelroten Fez.

Mohamed Ali begrüsste seine gelehrten Gäste mit einem Schwall einstudierter Gemeinplätze, lud zum Sitzen ein und machte sich beim hauseigenen Scheich über das erzielte, bekenntnisübergreifende Einvernehmen kundig. Währenddessen wurde der Tee serviert.

Martin Jost hatte einen Platz mit Blickkontakt zum Gross-Emir erwischt, der ihm über den Rand seiner Teetasse leutselig zunickte. Martin winkte einen dienstbaren Geist herbei und flüsterte ihm etwas zu, was dieser auf der Stelle an das Ohr seines Gebieters weiterleitete. Auf dem gleichen Weg kam die erhoffte Antwort. Herr Dr. Jost sei zur Privataudienz willkommen, der genaue Termin würde ihm das Sekretariat umgehend mitteilen. Der Bedienstete flitzte davon, kehrte nach wenigen Minuten zurück und überreichte Martin auf silbernem Tablett einen Zettel. Seine Exzellenz (aha!) würde sich freuen, den Herrn Doktor morgen Vormittag um elf Uhr in seinem Büro begrüssen zu können. Der Bescheid war – ganz gegen die Etikette – in deutscher Sprache verfasst.

* * *

«Was kann ich für Sie tun, mein gutester Herr Doktor?», fragte der Gross-Emir in breitem Sächsisch. Zuvor hatte er sich im gleichen Tonfall nach dem Befinden von Martins Vaters erkundigt, zu dessen Ableben sein Beileid gestammelt und mit geziemenden Worten der Verdienste gedacht, die Gustav Jost für den Frieden im Allgemeinen und das Wohl des Kalifats insbesondere erworben hatte.

«Sie sind ein vielbeschäftigter Mann der klaren Worte, Exzellenz. Wenn Sie gestatten, falle ich einfach mit der Tür ins Haus. Es gibt da Gerüchte, denen ich als neutraler Schweizer lieber auf den Grund gehe, als aus Bequemlichkeit vor ihnen die Ohren zu verschliessen!»

Mohamed Ali war sich für den Bruchteil einer Sekunde im Unklaren, ob er sein eingeübtes Pokerface zeigen oder die Maske fallen lassen sollte. Er entschied sich für das Letztere.

«Vor allen Menschen ständig auf der Hut sein zu müssen, ist schwer zu ertragen! Ich stemme diese Last nun auch schon seit Jahren und glauben Sie mir: sie wiegt von Tag zu Tag schwerer! Würden Sie mich begleiten, wenn ich bitten darf?»

Er griff nach seinem Krückstock, hievte sich an dessen silbernem Knauf hoch und schnaufte. Dem herbeieilenden Leibdiener bedeutete er, mit seinem Gast allein und ungestört bleiben zu wollen. Dann komplimentierte er Martin zur zurückliegenden Bücherwand, zog einen Schlüssel hervor und öffnete eine von Folianten verdeckte Tür. Sie verbarg einen Aufzug, der weit hinab in die Tiefe des Gebäudes führte.

«Ein alter Luftschutzkeller!», erklärte der Hausherr. «Als die Hohe Kommission einst diesen Kasten errichten liess, gab es noch den Kalten Krieg zwischen West und Ost. Die Herren gingen auf Nummer Sicher! Ich ooch – weniger aus Angst vor dicken Bomben als in Sorge um winzige Wanzen! Hier belauscht uns niemand.»

Der Schutzraum war behaglich eingerichtet – sogar eine wohlgefüllte Bar zeugte von vor-islamischen Zeiten.

«Nehmen wir Platz und reden, wie uns der Schnabel gewachsen ist», bot der plötzlich all seines amtlichen Gehabes ledige oberste Würdenträger des Landes mit ausgestreckter rechter Hand an. «Unter uns zwei Pastorentöchtern – ich bin Moslem, benötige aber mehr als dringend einen Beichtvater. Wie ein Katholik, der ich einmal war. Dazu sind Sie, Herr Doktor Jost, mir aber lieber als ein Pfaffe! Sagen wir uns einfach absolutes Stillschweigen zu über alles, was zwischen diesen dicken Wänden zur Sprache kommt – ganz ohne Fiesematenten.»

«So sei es, Exzellenz!», schlug Martin ein. Seiner Verblüffung Herr zu werden, gelang ihm rascher als gedacht. «Wo beginnen wir?»

«Bei dem, was Sie oben erwähnten. Sie sprachen von Gerüchten. Ich nehme an, es handelt sich um Pläne zu einem Umsturzversuch seitens einer gewissen Clique von – sagen wir – Vorgestrigen, die ihren Allüren den Weltfrieden zu opfern bereit sind! Angehörige einer längst in der Versenkung verschwunden geglaubten Kaste Verblendeter, die mir nach dem Leben trachten?»

«Offenbar wissen Sie mehr als ich, Exzellenz! Ein entfernter Verwandter aus der RASU bat mich, Nachforschungen anzustellen. Er verfügt über Verbindungen zu Kreisen des französischen Hochadels. Dort kursiere dieses – ja eben – Gerücht, der Gross-Emir von Rum habe beschlossen, die Aristokratie zu liquidieren.»

«Warum sollte ich?», fragte Mohamed Ali treuherzig.

«Es gibt da wohl eine gefährliche Verschwörungstheorie! Angeblich gingen Sie Ihrerseits von dem Irrglauben aus, der Adel wolle die islamische Herrschaft beseitigen, um als unbeugsame christliche Elite wieder die Führung zu übernehmen.»

«Und wie, bitteschön, sollte das vor sich gehen? Ich kann diese eingebildeten Lümmel doch nicht einfach umbringen, vergasen wie weiland Adolf Hitler jene anderen – Sie wissen schon welche!»

«Würden Sie denn, wenn Sie es ungestraft könnten?»

«Wir sagten uns Offenheit zu!», Mohamed Ali zog ein teures Tuch aus der Brusttasche seines Gehrocks, betupfte sich Stirn und Nase, «Jene Leute sind ein Fremdkörper in unserer multi-kulturellen Landschaft und damit eine Gefahr für den Weltfrieden!»

«Wie vordem die Juden in Deutschland – nur weil sie intellektuell ihren Mitbürgern überlegen waren?»

«Nein! Die deutschen Hebräer planten keinen Umsturz, wollten niemanden ermorden. Im Gegensatz zum obskuren Adel von heute – der will mich umbringen und die Macht an sich reissen!»

«Wäre das nicht unmöglich? An Sie kommt man nicht heran – weder mit Gift noch scharfen Gegenständen. Dafür sorgt Ihr Sicherheitssystem. Und – rein theoretisch – wenn doch? Gegen das Kalifat käme keine noch so starke Opposition an!»

«Sind Sie da so sicher, Herr Doktor? Nehmen Sie an, ein starker christlicher Widerstand mit einer Mehrheit der Bevölkerung im Rücken würde sich den Querköpfen von türkischen Machthabern anstelle der moslemischen Immigranten oder uns Konvertiten als berechenbarere Bündnispartner anbieten?»

«Bleiben wir bei den Realitäten, Exzellenz. Wir haben uns Offenheit und Stillschweigen gelobt. Planen Sie die Liquidation des europäischen Adels oder nicht?»

Statt einer Antwort schaute Mohamed Ali auf seine Armbanduhr. Sein Ausdruck wechselte von verlegen zu erschrocken. Hastig sprang er auf.

«Es tut mir Leid – das Abendgebet! Ich darf es nicht missen. Bitte, gedulden Sie sich. Ich lasse Sie teilhaben!»

Er betätigte die Fernbedienung und verschwand mit einer Geste des Bedauerns im Fahrstuhl.

Prompt zeichnete sich an einer der Wände in Martins Blickfeld das vor kurzem verlassene Arbeitszimmer im obersten Stock ab. Fast im Handumdrehen löste sich aus der Bücherwand schon Mohamed Ali. Ohne Umschweife streckte er die Linke in Richtung auf die Eingangstür aus, deren Flügel sich wie von Geisterhand öffneten und etwa ein halbes Dutzend würdiger Herren einliessen, vermutlich hohe Beamte. Sie verbeugten sich tief vor ihrem Chef, der sogleich in der Pose eines Vorbeters die erforderliche Lobpreisung von Allah anstimmte. Das Ritual nahm den üblichen Verlauf. Nach seinem Ende verliessen die Andächtigen den Raum so schnell, wie sie hereingekommen waren und wenige Augenblicke später trat Mohamed Ali wieder aus dem Lift im Luftschutzkeller.

«Verzeihen Sie die Unterbrechung», bat er, jetzt einen eher verschmitzten Zug um die Augen. «Ich vermag mich im Umgang mit meinen engsten Mitarbeitern einer geheimen Technik zu bedienen. Sie macht es möglich, während des gemeinsamen Gebets nach Belieben untereinander zu kommunizieren. Fragen Sie mich nicht nach der Erklärung, wie so etwas möglich ist – aber es funktioniert. Gleich Ihnen soeben am Bildschirm hier unten hört und sieht auch ein ungebetener Lauscher lediglich das fromme Gebaren von uns höchsten Staatsdienern. Ich konnte mich vergewissern, wo wir in Bezug auf die Bedrohung durch die ehemalige Aristokratie stehen. Die Rädelsführer der Umstürzler sitzen nicht in Frankreich oder England. Dort ist wohl der eine oder andere Angehörige des eingesessenen Hochadels informiert, übt sich jedoch in vornehmer Zurückhaltung. Die Planung des Aufstandes geht von einem alten preussischen Schloss im Osten unseres Landes aus. Die Besitzer sind zweifellos notorische Rebellen und Putschisten. Ein Vorfahre wurde vor hundert Jahren wegen Beihilfe zum Sturz der Regierung und versuchten Attentats auf das damalige Staatsoberhaupt verurteilt und gehängt.

Auf Ihre Frage von vorhin – wir behalten uns gezielte Massnahmen gegen Verdächtige vor. Bei einer Ausweitung des Aufruhrs könnten jedoch auch Mitläufer oder selbst unschuldige Träger eindeutiger Namen zu Schaden kommen. Genügt Ihnen das fürs Erste?»

«Durchaus! Doch gestatten Sie mir bitte, wenigstens den Versuch zu unternehmen, die leidige Angelegenheit friedlich beizulegen. Auch ich sehe zwar – Ihnen gegenüber ganz offen gesagt – im gegenwärtigen System für das Gemeinwohl aller nicht der Weisheit letzten Schluss, meine aber, ein jeder sollte damit leben können. Dies allerdings unter der Voraussetzung, dass Sie Mitbürger anderen Glaubens nicht fühlbarer benachteiligen als dies unter Ihrem Vorgänger und während Ihrer bisherigen Amtszeit der Fall war.»

«Bitte, Herr Doktor, tun Sie, was Ihnen beliebt. Aber lassen Sie dabei dieses Gespräch aus dem Spiel! Eine Garantie, die Aristokraten gewähren zu lassen, haben Sie von mir nicht.

Jeden Versuch, die Herrschaft des Islam in Frage zu stellen, werden wir im Keim ersticken, die Schuldigen und ihre ganze Sippe mit Stumpf und Stiel ausrotten!»

Martin erschrak. Das klang nach einschlägigen Diktatoren des vorigen Jahrhunderts. Verbarg sich unter dem biederen Gehrock vielleicht doch die schwarze Seele des Tyrannen?

«Haben Sie Dank für Ihr Vertrauen, Exzellenz!», sagte er und stand auf. «Sie werden mich oben verabschieden?»

* * *

Nach Luzern zurückgekehrt, suchte Martin sogleich Lisa von Lerchenfels auf. Er hegte ihr gegenüber nicht die Gefühle eines Sohnes, betrachtete sie aber immerhin als mütterliche Vertraute, vor der er keine Geheimnisse hatte.

«Ich bin aus dem windigen Sachsen nicht schlau geworden!», begann er und zitierte aus seinem Wortwechsel mit dem Gross-Emir, so gut er sich im Einzelnen erinnerte.

«Der Kerl ist ein gewissenloses Arschloch!», bildete sich Lisa unverblümt ihr Urteil aus dem Gehörten. «Du musst unsere Freunde warnen, Martin, unverzüglich!»

«Langsam, Mami!», mahnte er. «Ich sicherte Mohamed Ali Stillschweigen zu und daran werde ich mich halten. Du bist ein Teil meines Gewissens, das ich befrage und von dem ich eine hilfreiche Antwort begehre, mich aber keinesfalls zum Wortbruch anstiften lasse. Erste Frage: Warum hat er mich überhaupt ins Vertrauen gezogen wie einen Beichtvater?»

«Vergiss nicht – der Mann ist Renegat und Opportunist, nicht aus innerster Überzeugung übergetreten, sondern um des eigenen Vorteils Willen. Seine frühere Welt war ärmlich, aber sauber. Davon bist du ein mustergültiges Teil, nochmals veredelt durch den guten Ruf deines Vaters. So einer fehlt ihm in Brüssel. Es gibt nur Seinesgleichen, vor denen er sich ständig zu beweisen hat. Da staut sich Seelenkäse an zum Loswerden, ohne Rückstände zu hinterlassen. Du bist gerade zur rechten Zeit erschienen! Nach mir die Sintflut? Nein – dem feigen Lumpen fehlt jener Grad von Gewissenlosigkeit, der den perfekten Tyrannen ausmacht! Aufstand des Adels und preussische Attentäter? Dass ich nicht lache! Als echter sächsischer Prolet hasst er uns, die er gern am Galgen baumeln sähe, aber nicht sich selbst als Henker!»

«Da ist was dran, es geht eben nicht gebröselt und gebrockt! Also wäre für ihn das kleinere Übel, wenn er seinen Leuten nachweisen könnte, dass die angeblichen Aufrührer harmlose Schlucker, die Gerüchte haltlos sind!»

«Martin – ich bin stolz auf deinen Scharfsinn!»

* * *

Mit Hilfe von Lisas Verwandtschaft, bei der er – mit ihrem Segen – als ihr Sohn auftreten durfte, drang Martin Jost bis in des Dichters Theodor Fontane vielbesungene Heimat vor, dort, wo seit alters her zwischen Havelland und Spreewald langlebige Geschlechter von Edelleuten preussische Geschichte geschrieben hatten. Mangels der schon seit einigen Generationen nicht mehr zwingend standesgemässen Ehen waren sie verbürgerlicht. Was ihnen materiell zum Vorteil gereichte, da der Gutsbetrieb kaum noch den ältesten Sohn ernährte und für die Jüngeren einst wohldotierte Posten bei Verwaltung, Militär und Kirche längst in Fortfall geraten waren.

Das Navigationssystem seines am Bahnhof in Berlin angemieteten Automobils führte ihn zum Dorf Hinterwalden. Dort fragte er nach dem Freiherrn gleichen Namens. Man wies ihm den Weg zum nahegelegenen Schloss. welches im jetzigen Zustand dieser Bezeichnung allerdings kaum gerecht wurde. Das von ehemaligen Stallungen umschlossene Wohngebäude mochte Martin gerade noch als eher bescheidenes Herrenhaus durchgehen lassen. Der Besitzer erschien ihm dagegen auf Anhieb als Ur-Typ dessen, was man sich unter einem märkischen Landedelmann vorzustellen hatte. Baumlang, ungebeugt, in seiner forstlichen Kluft knorrig und edel zugleich, empfing der Baron seinen Gast mit zwangloser Freundlichkeit.

«Wie geht es der guten Tante Lisa?», lautete eine seiner ersten Fragen. «Hat sie nicht schon einiges mehr als die 70 auf dem Buckel?»

Rasch war der Austausch von Höflichkeiten beendet, das kleine Gepäck im Gästezimmer verstaut. Es folgte ein Spaziergang durch den Park – wie der Hausherr das unterschiedlich genutzte Gelände innerhalb der meist zerfallenen oder einer siedlungsähnlichen Wohnbebauung geopferten Einfriedung des Ritterguts noch immer nannte.

«Lisa meinte, ich sollte Sie rundheraus fragen, verehrter Baron, ob Sie bei der Planung zum Sturz des moslemischen Statthalters von Rum mit von der Partie sind?», fiel der Besucher mit der Tür ins Haus.

«Wären Sie es an meiner Stelle?», entgegnete der Gutsherr, ohne mit der Wimper zu zucken.

«Darf ich dieser brillant ausgedrückten Gegenfrage entnehmen, nicht umsonst hergekommen zu sein?»

«Jemand wie Sie ist stets willkommen in Hinterwalden! Darf ich um die Losung bitten?»

Martin stellte richtig, dass er weder die Parole der Verschwörer kenne noch Genaueres über deren Existenz oder gar Ziele wisse – im Gegensatz zum Gross-Emir. Der habe offenbar Anhaltspunkte für die Vorbereitung eines Aufstandes gegen seine Herrschaft in einer bestimmten Gegend des vormaligen Deutschland, nämlich dem einst so wehrhaften Preussen, Wenn dort nicht sogar ein Anschlag auf sein Leben geplant würde! Das Komplott ginge von einer Clique bekennender Christen und der alten gesellschaftlichen Elite aus, die sich im heutigen Rum noch mehr ausgegrenzt sähen als schon zu demokratischen Zeiten. Dies habe er von Mohamed Ali persönlich erfahren, dem er vor kurzem in Brüssel auf den Zahn fühlten konnte. Zur Erläuterung holte er weiter aus. Ein Verwandter aus Übersee hätte ihn gedrängt, Gerüchten nachzugehen, wonach der Statthalter von Rum dem europäischen Adel an den Kragen wollte – ausgerechnet dieser nur noch historisch relevanten Minorität.

«Es gibt leider deutliche Hinweise, dass dem so ist», versicherte Freiherr von Hinterwalden. «Dieser Schurke von einem elenden Konvertiten hat Sie hinters Licht geführt. Er nämlich ist es, der uns ausrotten will, nicht umgekehrt. Wir wollen keine Elite sein und betrachten unseren Glauben als Privatsache. Aber wir haben uns aus der Tradition heraus neben einem gefühlten Zusammenhalt gewisse Eigenarten bewahrt. Allüren, Marotten – wenn man sie ablehnt. Pflege alter Bräuche, guter

Manieren, einer bestimmten Geisteshaltung – wie wir es sehen. Heben wir uns dadurch unangemessen vom Durchschnittsbürger ab? Oder sind wir unseren gegenwärtigen Vorturnern ein Dorn im Auge, weil sie es mehr denn je mit der Gleichmacherei auf niedrigstem Niveau halten, wie es ihnen die von den Kommunisten abstammenden Grünen vorexerzierten? Da ist dann der Wille zum Ausmerzen nicht mehr weit und wo ein Wille, auch ein Weg!»

«Ich bitte Sie, Baron, sind das nicht Hirngespinste?»

«Keinesfalls! Im elektronischen Zeitalter sind wir Bürger durchsichtig wie Glas. Da gibt es längst Leute, die allen Daten im Netz auf die Spur kommen, jeden Code knacken und illegal bezogene Geheimnisse gegen bare Münze dort feilbieten, wo sie ihr Geld wert sind. Auf diese Weise kamen auch wir dem Mohamed Ali und seinen Kumpanen auf die Schliche. Wobei Historiker aus unseren Reihen recht Wundersames herausfanden. Seine Hoheit entstammt dem notorisch kommunistischen Proletariat, das einst im roten Sachsen stark vertreten war. Ein Urgrossvater floh in den Dreissigern des vorigen Jahrhunderts vor den Nazis nach Moskau. Dort schloss er sich einem sächsischen Landsmann namens Walter Ulbricht an, der später im Dienste der Sowjetunion die sogenannte Deutsche Demokratische Republik unter Stalins Knute zwang. Sie kennen sich bestimmt bestens in der Geschichte aus, Herr Doktor Jost! Der Ulbricht starb und jener Urgrossvater auch. Dessen Sohn und Enkel hielten der roten Fahne die Treue …»

«… und dann folgte einer nach …», unterbrach Martin lächelnd, «… der das rote Tuch in grüne Farbe tunkte, rechtzeitig vor der moslemischen Machtübernahme zum Islam konvertierte, sich Mohamed Ali nannte und es dank der Gene seiner Väter zum Gross-Emir von Rum brachte!»

«Sie sagen es!»

«Das allein qualifiziert ihn noch nicht zum Massenmörder! Verzeihen Sie die Wortwahl – eine Masse ist der Adel natürlich nicht, aber immerhin gibt es eine ganze Menge Edelleute!»

Der preussische Junker lachte herzhaft und lange über das Bonmot des Schweizers. Sollte er ihn ins Vertrauen ziehen? Er war sich unschlüssig, hatten doch die Empörer einander geschworen, keinen Aussenstehenden einzuweihen. Andererseits setzte ihr noch nicht einmal zu Ende gedachtes Unterfangen die akute Gefahr eines neuerlichen Holocaust voraus, diesmal an den Trägern von Adelsnamen. Wer wollte schon – ein solches Damoklesschwert über sich – Kopf und Kragen riskieren? Er selbst sicher nicht.

Unter fortgesetztem Gelächter jegliches Wissen um Machenschaften gegen die Staatsmacht strikt zu leugnen, wäre einfach, aber nicht hilfreich. Sich herauszuwinden, um zunächst bei seinen Mitverschwörern Rat zu suchen, käme einem Eingeständnis gleich. Diesen Sohn des preisgekrönten Schweizer Friedenstifters hier und heute zu bitten, angeblich entstandenes Bedrohungspotential auszuräumen hiesse, die Flucht nach vorn anzutreten. Was tun?

Erst einmal beendete der in die Enge getriebene Edelmann seinen Heiterkeitsanfall mit einem ausgiebigen Räuspern. Die Kehle frei, sprudelte sie allerlei Phrasen hervor. Darin eingebettete, sinngebende Vokabeln – Holocaust, Damoklesschwert, Bedrohungspotential – relativierte Friedrich Wilhelm von Hinterwalden mit dem Verweis auf allfällige Stammtischparolen.

«Ich bin froh», Martin Jost behielt sein sparsames Lächeln bei, «Sie aufgesucht und auf die leidige Angelegenheit angesprochen zu haben, lieber Baron. Erinnern wir uns noch einmal der Historie. Der Erste Weltkrieg war so überflüssig wie ein Kropf. Er brach nur aus, weil die damaligen Machthaber einander nicht über den Weg trauten und darüber in Panik gerieten! Lähmende Angst ist der Anfang allen Übels, aber wer ist schon davor gefeit? Sie jedoch haben nichts zu befürchten! Namen werden keine genannt, schon gar nicht der Ihre! Dem Gespenst von Zweifeln oder Furcht, wie immer wir es nennen, werde ich den Garaus machen! Und jetzt freue ich mich auf ein Glas guten preussischen Rotweins!»

«Nach dem Sie hierzulande ebenso erfolglos fahnden wie nach potentiellen Verschwörern!», polterte der Gastgeber, dem gleich etwas wohler geworden war. «Doch mit einem edlen Tropfen anderer Provenienz kann ich wohl dienen.»

* * *

Keine 24 Stunden später bescherte der preussische Edelmann seinem Schweizer Besucher eine Gastrolle auf ganz anderer Bühne, samt seltsam kostümierten Darstellern.

Im Park von Hinterwalden war man nicht weiter auf den Besuchsanlass eingegangen, hatte einige von der Haushälterin servierte Leckerbissen zu sich genommen, dazu Belanglosigkeiten ausgetauscht und etliche Gläser eines Bordeaux geleert, der Martin ausgezeichnet mundete, worauf er sich früh zur Ruhe begeben und am nächsten Morgen erfahren hatte, dass er nicht umsonst angereist war.

Bei einer spätabendlichen Konferenzschaltungen unter engen Freunden – wie sich der Freiherr beim Frühstück ausdrückte – wären die Teilnehmer überein gekommen, seinen Besucher zu einem spontanen Gedankenaustausch in erweitertem Kreis einzuladen. Um dem Herrn Doktor Jost so wenig wie möglich Umstände zu bereiten, war das alsbaldige Treffen in der Nähe von Hannover vorgesehen, einem Knotenpunkt des Fernverkehrs. Ohne Zögern hatte Martin zugestimmt und sich am frühen Nachmittag von seinem Gastgeber luftgepolstert in westliche Richtung chauffieren lassen. Bei der niedersächsischen Stadt Braunschweig zweigte das von unbemannten Mähmaschinen kurz geschorene grüne Band der Autobahn nach Goslar ab. Von dort führte der Weg in die Höhen des Harzes, den Ortsschildern zufolge über den Kurort Hahnenklee in Richtung Clausthal-Zellerfeld. Inmitten der einsam erscheinenden Mittelgebirgslandschaft war das Fahrzeug nach rechts abgebogen und auf einer schmalen Zufahrt ans Ziel gelangt.

Gasthaus Untermühle im Spiegeltal stand an einem unscheinbaren Gebäude, welches dem frühen 20. Jahrhundert entstammen musste. Das für Martin Jost bereitstehende Zimmer mit Bad war immerhin modern und wohnlich eingerichtet.

«Kein Luxus, aber zumutbar», hatte Friedrich Wilhelm von Hinterwalden bemerkt, der auch hier übernachten wollte, um seinen Gast andertags zum Bahnhof nach Hannover zu fahren. Einige der übrigen Teilnehmer würden gleichfalls den Schlaf in dieser abgelegenen, für die Veranstaltung reservierten Herberge suchen.

«Seien Sie bitte weder überrascht noch Unsereinem gram, weil wir alle heute Abend wie bei jeder Zusammenkunft eine

Gesichtsmaske tragen werden, obschon untereinander vielfach verwandt, befreundet und an der Stimme erkennbar! Wir kamen überein, auch diesmal nicht von der Regel abzuweichen!»

Als es später an Martins Zimmertür klopfte, stand da der Freiherr – den Kopf maskiert als putziger Kater. An der Theke des Schankraumes liess er eine Flasche Rotwein «Vom Besten, bitte!» und zwei Gläser mitgehen und bugsierte Martin in einen angrenzenden, schmucklosen Saal. Hinter zusammengeschobenen Tischen von der spartanischen Art, wie sie in Gartenlokalen Verwendung finden, reihten sich Stühle, auf denen drei Dutzend oder mehr konventionell gekleidete, aber unkenntliche Gestalten ziemlich geräuschlos Platz genommen hatten. Ihre Gesichter waren allesamt verborgen hinter bunten Masken aus Pappmaschee, wie sie zur Faschingszeit in jedem Kaufhaus zu haben sind.

Von Hinterwalden steuerte einen Tisch in der vordersten Reihe mit mehreren freien Stühlen an. Davor stand ein stattlicher Herr, der im Gegensatz zur übrigen Gesellschaft eine schlichte, nur Augen und Nase bedeckende Maske unter seinem schlohweissen Schopf trug.

«Darf ich dich mit Doktor Jost bekannt machen?», wurde ihm Martin vorgestellt und diesem der Weisshaarige – «Vetter Franz!»

«... ist auch schon da!», zitierte dieser ein wenig näselnd den Dichter Wilhelm Busch und verbeugte sich. «Schön, dass Sie gekommen sind, Herr Doktor!»

Martin liess es beim Dank für die spontane Einladung bewenden. Sie bewies ihm genug. Er brauchte sich nicht zu wiederholen. Also nahm er neben dem Kater – wie Friedrich Wilhelm von Hinterwalden jetzt bei ihm firmierte – Platz.

Vetter Franz im feschen Lodenanzug machte Anstalten, die Sitzung zu eröffnen. Er stellte sich auf ein kleines Podest und bat mit einer knappen Geste um Aufmerksamkeit. Seine klare, leicht schnarrende Stimme, an den Gast wie zugleich die maskierten Mitverschworenen gerichtet, benötigte kein Mikrophon, um die Zuhörer auch in der hintersten Reihe des mittlerweile bis auf den letzten Platz gefüllten Saales zu erreichen.

«Wir hier wollen die Fehler unserer Urgrosseltern nicht noch einmal begehen. Was all jenen bevorstand, die den 1933 legal zur Macht gekommenen Nazis nicht in den Kram passten, dürfte einem jeden von ihnen beizeiten klar gewesen sein. Die Unseren zauderten und zögerten damals zu lange. Als in letzter Stunde deren verzweifelter Versuch misslang, den Tyrannen zu beseitigen, kostete es nicht sein, sondern ihr Leben. Der 20. Juli 1944 ist fest in unsere Erinnerung eingebrannt.»

Indem er ein historisches Beispiel heranzog, machte Vetter Franz von vornherein keinen Hehl aus der Motivation zum Widerstand gegen die Staatsgewalt. Wahrscheinlich war er es, der die Fäden in der Hand hielt. Wenigstens schon mal ein sympathischer Typ, dachte Martin.

Sein Stuhl in der ersten Reihe war in unmittelbarer Nähe des Wortführers so platziert, dass er auch dessen feingliedrige Hände genau betrachten konnte. Den kleinen Finger der linken zierte ein Siegelring mit neunzackiger Grafenkrone. Die wohlgeformten Nägel waren sorgfältig, wenn auch auffallend spitz zulaufend manikürt. Martin verstand sich auf Fingerspitzen als Ausdruck der Persönlichkeit.

«Die Geschichte wiederholt sich nicht», fuhr der Redner fort. «Doch sind wir es uns selbst und unseren Kindern wie auch unseren mutigen Vorvorderen schuldig, nicht unwidersprochen hinzunehmen, was nach neuerlicher Tyrannis gen Himmel stinkt! Ich gehe davon aus, dass wir hierin einig sind. Wer möchte sich ergänzend äussern?»

Der Graf alias Vetter Franz legte also Wert darauf, nicht als Rädelsführer, sondern lediglich als Koordinator der Verschworenen aufzutreten.

In der dritten Reihe erhob sich jemand. Der Stimme nach war es ein Mann, der da ums Wort bat. Martin drehte sich um.

«Wohl gesprochen!», ertönte es kantig hinter der Pappnase eines Braunbären. «Doch möchte ich Eines deutlich klarstellen: es geht uns eigentlich weniger um eine andere Konstellation der Machtausübung, schon gar nicht die Wiederherstellung von Demokratie. Wir wenden uns nicht gegen die Art und Weise, wie derzeit Recht und Ordnung in Rum gehandhabt werden. Wenn in Brüssel für eine Mehrheit von Atheisten, Christen und Juden Verantwortliche als Moslems die Minderheit bilden, ist das allein noch kein Grund zur Rebellion. Um im historischen Bild zu bleiben: auch im Königreich der Hohenzollern gehörte die fürstliche Familie der reformierten Kirche an und regierte ein Volk von meistens Lutheranern und Katholiken! Nein, unerträglich für uns aufgeklärte Humanisten ist die im Islam verankerte Einheit von Staat und Religion! Geglaubt wird in der Kirche, Moschee oder Synagoge! Im Übrigen ist jedermanns Bekenntnis unserer Meinung nach Privatsache. Wo kämen wir hin, wäre jedermann gezwungen, stets sonntags in die Kirche zu gehen, einmal in der Woche zur Beichte, von Fasching bis

Ostern zu fasten und ein lautes Tischgebet selbst im Restaurant zu sprechen bei empfindlicher Strafe für Zuwiderhandlung? Das sollte der Fürsprecher des Statthalters diesem verklickern!»

Martin sprang auf.

«Als Schweizer kann ich Ihnen nur beipflichten, werter Herr Petz. Wenigstens soweit es den Inhalt Ihrer Aussage betrifft. Doch verzeihen Sie eine Richtigstellung. Bei uns daheim ist der Fürsprecher ein Rechtsanwalt. Zwar bin ich das von Beruf, aber der Gross-Emir ist nicht mein Mandant! Ich halte mich lediglich als privater und persönlicher Schlichter einer Kontroverse zur Verfügung, deren Ausgang vorhersehbar ist. Die schieren Machtverhältnisse bestimmen von vornherein den Sieger. Der oder die Verlierer hätten nichts zu lachen. Schon gar ein Tyrannenmord bliebe nicht ohne schreckliche Folgen!»

«Wer spricht hier von Tyrannenmord?», schaltete sich der Graf ein. «Davon kann bei uns nicht die Rede sein. Wir sind noch in der Phase der Meinungsbildung, aber umbringen wollen wir wirklich niemanden!»

«Das höre ich gern!», sagte Martin, nahm wieder Platz, hob sein gut gefülltes Weinglas und genehmigte sich einen Schluck.

Die nächste Wortmeldung kam von einer als alte Hexe maskierten Frau.

«Wenn wir», gemeint war wohl ihr Geschlecht, «auch mal etwas dazu sagen dürfen. Ich möchte nicht, dass meine Tochter oder Enkelin einen Moslem heiratet und sich verhüllen muss! Zugegeben, wir oder unsere Eltern und Grosseltern sind selbst schuld, wo wir gelandet sind. Oder besser gestrandet. Schon richtig, sich damit zu befassen und nach Auswegen zu suchen! Wenn wir es nicht tun …?»

«Für Gedankenfreiheit einzutreten bin ich stets bereit», ging Martin auf die Einlassung der Dame ein. «Doch das Rad der Geschichte zurückzudrehen, kann nicht über Nacht gelingen, wenn überhaupt!»

In der zweiten Reihe verschaffte sich das dröhnende Organ eines Mannes Luft, der offensichtlich unter hohem Blutdruck litt. Er verzichtete darauf, ums Wort zu bitten.

«Wozu sitzen wir dann hier, ohne Vorwarnung zusammengescheucht wie eine Hühnerschar?», polterte er. «Hat man uns schon in Brüssel als Landesverräter angeschwärzt, sollten wir eine Erklärung verfassen, mit unseren richtigen Namen unterschreiben und Herrn Doktor Jost zur Weiterleitung anvertrauen? Wir sind weder Mordbuben noch Rächer oder sonst was Böses. Aber uns Gedanken machen, wie es besser sein könnte, sollten wir schon dürfen!»

«Freund Rabe!» Vetter Franz deutete auf eine der hinteren Reihen. «Würdest du so freundlich sein, Herrn Jost einzuweihen?»

Der Angesprochene – offenbar weder Verwandter noch enger Freund des Grafen – stand auf. Die Maske des schwarzen Vogels mit gelbem Schnabel passte gut zu seinem Habitus, das den urbanen Mann von Welt verriet. Martin war gespannt.

«Es ist wohl zweckmässig, an dieser Stelle kein Geheimnis daraus zu machen», offenbarte Gevatter Rabe in sachlichem Ton, wozu er sich durch Anheben des Pappschnabels Luft verschaffte. «Obschon mein Wissen auf streng vertraulichen Quellen beruht. Doch solange keine Namen genannt werden, hält sich die Indiskretion wohl in erlaubten Grenzen! Ich unterhalte beruflich in Istanbul enge Kontakte. Darunter auch zu relativ hochgestellten Persönlichkeiten. Vielleicht werden Sie es nicht wahrhaben wollen, Herr Doktor Jost, aber viele von denen stehen unseren Überzeugungen sehr nahe! Wenn hier von historischen Vorbildern die Rede war, so existieren diese auch in der Türkei! Insbesondere die gegenwärtige gesellschaftliche, politische und wirtschaftliche Elite – untereinander austauschbar, wobei letztere, wie immer, den Ton angibt – hat ihre Geschichte sehr wohl im Gedächtnis. Da waren es über Jahrhunderte die Franzosen gewesen, denen man im Osmanischen Reich nacheiferte, wenigstens bis dem gallischen Hochadel bei all den Revolutionen die Lust vergangen war, wider den Stachel zu löcken. Aber man blieb wachsam. Gegen Ende des Sultanats schindeten preussisch inspirierte Deutsche in Istanbul nachhaltig Eindruck. Kemal Atatürk betrieb die Trennung von Staat und Islam mit vollem Einsatz nach preussischem Muster und mit grossem Erfolg. Leider endete in der Türkei die säkular konzipierte Demokratie – es gab in Anatolien und Kurdistan zu viele nicht ausreichend gebildete, auf ihre Imame hörende Wähler – mit der Re-Islamisierung. Ob auch die ungeschickte Politik der damaligen Weltmacht USA daran schuld war oder der Unwille Europas, die Türkei einzubinden, sei dahingestellt. Immerhin führte die Lösung des Nahostkonflikts – Ihrem Herrn Vater sei Dank, lieber Doktor Jost – zu einer nachhaltigen Entspannung. Die Khasaren haben Russland wirtschaftlich wieder auf die Beine verholfen. In Palästina zeigen die dort verbliebenen und jetzt wohl gelittenen Hebräer den Arabern, wo es langgeht. Das nahm El Quaida & Co den Wind aus den Segeln.» Er nahm einen Schluck aus seinem Glas, ehe er fortfuhr.

«Der islamische Fundamentalismus ist mausetot in Istanbuls Führungsetagen. Dort sehnt man sich zurück nach dem Postulat von Kemal Atatürk – Religion gehört in die Privatsphäre. Wundert es Sie da, Herr Jost, dass wir an der Quelle unserer jetzigen Staatsgewalt über mächtige Bundesgenossen verfügen? Wirtschaft hat noch immer Politik regiert – nicht umgekehrt! Heute sitzen Leute im Islamischen Kalifat an den Schalthebeln der Macht, die nicht gleich dessen Führungsrolle im Weltgeschehen in Frage stellen werden, sehr wohl aber nachdenken, wie sie einen Anführer proletarischer Herkunft an der Spitze von Rum, immer noch der schönsten Feder am Kalifenhut, auf anständige Weise loswerden oder zumindest neutralisieren können.»

Martin nickte. Des Raben Enthüllungen waren durchaus nachvollziehbar. Die Zeiten hatten sich nun mal geändert und nichts ist so beständig wie der Wandel.

«Geehrte Vetter Franz, Meister Petz, Frau Hexe, Gevatter Rabe, meine Damen und Herren! Ich habe heute Abend genug gehört, um von der Lauterkeit Ihrer Absichten überzeugt zu sein. Überlassen Sie es nun bitte mir, daraus das Beste zu machen und vor allem Schaden von Ihnen abzuwenden!»

* * *

Martin Jost fuhr von Hannover per Rum-Rapid-Rail und Schweizer Bundesbahnen auf dem Schienenweg über Basel nach Luzern zurück, wo er sich eine wohlverdiente Verschnaufpause gönnen wollte. Noch bei Tageslicht daheim in seiner Suite angelangt, musste er sich wider Willen eingestehen, die dort durch Delindas Abgang entstandene Leere als schmerzhaft zu empfinden. Das vertraute er auch Lisa von Lerchenfels an, der sein erster Anruf galt.

«Am besten kommst du gleich zu mir herüber, mein Junge – ein Spaziergang am Seeufer wird dir ebenso gut tun wie dein Lieblingswhisky, der hier auf dich wartet!»

Lisa war eben seine Mutter – oder so gut wie eine solche. Nachdem er sie in die Arme geschlossen und fest an sich gedrückt hatte, genoss er seinen schottischen Malt. Mami hatte auch für ein leichtes Essen gesorgt und eine Flasche Merlot aus dem Tessin bereitgestellt, Martins bevorzugten Schweizer Rotwein. Schnell geriet er in Erzählerlaune.

Vor Lisa kannte er keine Geheimnisse. Sie war verschwiegen wie ein Grab. Dazu überraschte ihn die alte Dame oft mit ihren ebenso kecken wie trefflichen Einfällen. So auch jetzt, als er über die Versammlung der adeligen Verschwörer im Harzer Gasthof berichtete.

«Wie du mir den Vetter Franz beschreibst und seine Fingernägel, denke ich gleich an einen alten Flirt von mir. Mehr jener Typ aus Schillers Räuber als heimlicher Liebhaber der Frommen Helene von Wilhelm Busch! Sein Onkel war einer der Drahtzieher des Attentats auf Hitler im Juli 1944 gewesen!»

«Wohl eher ein Urgrossonkel, verehrte Lisa», berichtigte Martin. «Das war vor mehr als hundert Jahren!»

«Spielt das eine Rolle?» Lisa von Lerchenfels nahm es mit solchen Nebensächlichkeiten nicht zu genau. «Ich hätte wohl die meisten der Leute gut gekannt. Nur der Rabe kommt mir völlig fremd vor. Ist wohl aus einem Kuckucksei geschlüpft!»

«Wenn du alle Bürgerlichen so definierst, hast du wohl Recht. Ich hatte auch nicht unbedingt den Eindruck, dass er von Adel war. Dennoch gaben mir seine Hinweise auf reformatorische Kräfte in Istanbul am meisten zu denken. Die weltweit wichtigste Schaltstelle heutiger Macht ist nun mal am Bosporus. Man müsste verifizieren können, ob dort tatsächlich an den Grundfesten des Islam gerüttelt wird. Die Trennung von Staat und Religion wäre schon der entscheidende Einschnitt in die dogmatische Grundlage des Kalifats – mit unabsehbaren Folgen! Ich frage mich, ob man in Bern …?»

«… Konsultiere doch mal deinen Vetter Ferdinand!»

«Ferdinand Herzog, dieser alte Lahmarsch?»

«Ich bitte dich, Martin!», lächelte Lisa schelmisch, «Du solltest es wissen! Seine Spiessigkeit diente ihm doch nur zur Tarnung – eben Bünzli, wie es sich gehört nach Berner Art. In Wahrheit hat er es faustdick hinter den Ohren. War nicht von ungefähr ein hohes Tier beim NDB!»

«Was du nicht sagst, Mütterchen – unser Ferdinand hat für den Schweizer Geheimdient gearbeitet?»

«Na klar!»

«Aber dem Ferdili war doch nach seines Vaters Tod nichts eiliger gewesen. als dessen gut gehenden Laden zu versilbern, angeblich, damit sein Schwesterchen in die Ehe mit Axel Elmer eine anständige Mitgift einbringen konnte. Ich hielt das für einen Vorwand, ihm ein Leben in Faulheit zu ermöglichen!»

«So täuscht man sich eben, selbst in der engsten Verwandtschaft! Dass Axel Elmer für den Start in Neuseeland Marias Geld gut gebrauchen konnte, war nicht von der Hand zu weisen. Ferdinand erzielte für die väterliche Firma einen hervorragenden

Preis. Natürlich wollte er sich für seinen Anteil auch materielle Sorgen vom Leib halten! War das schon nicht verwerflich, traf es dennoch kaum des Pudels Kern. Ist nicht gerade im Staatsdienst finanzielle Unabhängigkeit ein hehres Gut?»

«Zugegeben, aber inzwischen ist er 70 und längst auf dem Schrottplatz für ausgediente Beamte.»

Die alte Dame schien sich besser auszukennen. «Da bin ich mir nicht so sicher!»

«Gut», resignierte Martin , «dann werde ich mal über meinen Schatten springen und dem alten Knaben meine Aufwartung machen!»

* * *

Der jahrelang gemiedene Cousin zeigte sich von unverhofft liebenswerter Seite. Dieser seltene Verwandtenbesuch war ihm eine Flasche Single Malt Whisky vom Feinsten wert, was die Destille von Delindas schottischem Ex-Ehemann zu bieten hatte. Dermassen nobel empfangen, legte Martin betonte Herzlichkeit an den Tag.

«Vergib mir bitte, lieber Vetter Ferdinand, wenn ich dir mit einem nun ja, etwas pikanten Anliegen auf die Pelle rücke! Ich wusste natürlich nicht, dass du in deiner Karriere …,» er redete um den heissen Brei herum, bis ihn der andere unterbrach.

«In Bern sagte der ausgewiesene Dienstrang von uns Beamten – heute Bundesbediensteten – wenig aus. Um meine Stellung beim den NBD wusste gerade mal dein Vater. Dass wir beide gelegentlich Hand in Hand arbeiteten, musste auch die Familie nicht erfahren. Offenbar hielt Gustav seiner Lisa gegenüber nicht ganz dicht und sie hat es jetzt vor dir ausgeplaudert. Nun gut, ich war beim Schweizer Geheimdienst! Genau genommen, greifen frühere Kollegen noch heute manchmal auf meine Erfahrung zurück, was ich durchaus geniesse! Wem tut das nicht wohl, als Rentner noch gebraucht zu werden? Wenn es dir um den Fall Emirat versus Adelsstand in Rum gehen sollte, könnte ich vielleicht ein wenig behilflich sein!»

Martin unterdrückte seine Verblüffung mit einem Schluck Malt, dem er nur ganz wenig klares Wasser beigemischt hatte.

«Guter Tropfen, Ferdili, und Dank für deine Offenheit! Denke ich an Vaters Verdienste um den dauerhaften Frieden auch in unserer näheren Nachbarschaft, bin ich neuerdings besorgt!»

«Nicht umsonst! Ob du nun uneigennütziger Philanthrop bist oder bei jemandem im Lohn – hier gilt durchaus der alte Spruch *Wehret den Anfängen*. Dass sein Thron wackelt, weiss Emir Mohamed Ali selbst. Er bastelt an einem Ablenkungsmanöver nach dem Motto *schiebe äussere Feinde vors Loch, um die inneren im Schach zu halten!* Zwar stossen dumpfe Unmutsbekundungen einer deutschen Adelsclique auch bei Standesgenossen westlich von Brüssel auf gewissen Widerhall, doch von einer Revolte kann nicht die Rede sein. Die möchte Mohamed Ali nun gern herbeireden, um im Gegenzug lieber zu klotzen als zu kleckern!»

Ferdinand setzte die flache Linke an seine Kehle, «Rübe runter bei den Aristokraten – der 20. Juli 1944 lässt grüssen!»

«Woher …?»

«… ich das weiss? Natürlich haben wir unsere Leute in Brüssel – von angezapften Datensträngen ganz zu schweigen!

Beim Sturm im Wasserglas ist die Kunst, nichts über den Rand rinnen zu lassen. Andererseits hätten wir auch wenig dagegen, wenn ein Mann der Wirtschaft als Gouverneur von Rum diesen Möchtegern-Moslem Mohamed Ali ersetzte. Genauso, wie es den Herren in Istanbul vorschwebt. Zunächst wäre schon eine Beruhigung der Gemüter zu begrüssen. Uns sind in Bern die Hände gebunden, von mangelndem Einfluss in Rum ganz abgesehen. Nur nicht am Status quo rütteln, lautet am Bundesplatz die Devise! Doch wenn du auf eigene Faust …?»

Der Ruheständler liess den Rest der Frage offen.

«Muss man schauen», wich Martin aus. «*Nur nicht die Pfoten verbrennen, kein Öl ins Feuer giessen*, so lautet auch meine Parole. Wäre dennoch zu erreichen, dass Mohamed Ali seinen wohlverdienten Abschied erhielte, des Kalifen Anerkennung, Ehrensold und ein paar nette Privilegien inbegriffen und sonst niemand zu Schaden käme …»

Auch er verzichtete mit Hilfe des Konjunktivs im gleichfalls unvollendeten Satz auf die Bekundung einer festen Absicht, liess aber wenigstens die Katze aus dem Sack.

«Bei jenen preussischen Edelleuten, deren dumpfe Unmutsbekundungen du gerade eben erwähnt hast, war ich kürzlich eingeladen!»

«Könntest du Namen nennen?»

«Nur den eines gewissen Friedrich Wilhelm von Hinterwalden, bei dem zuhause ich persönlich auf den Busch klopfte. Statt einer klaren Antwort führte er mich seinen aufmüpfigen Standesgenossen vor, die jedoch ihre Identität ausnahmslos hinter lustigen Gesichtsmasken verbargen.»

Unverblümt gab er zum Besten, was er im Harz erlebt hatte. Ferdinand Herzog hörte aufmerksam zu.

«Den Raben glaube ich zu kennen – Hans-Werner Schultes, wenn ich mich nicht irre! Ganz hohes Tier beim weltgrössten Hersteller von fahrbaren Untersätzen aller Art, du weisst schon, dem Konzern mit Hauptsitz mitten im ehemaligen Deutschland. Unser Schultes ist eigentlich ein selbstgestrickter, gutbürgerlicher Macher, aber immerhin mit einer Gräfin verheiratet. Er überlässt schon mal dem einen oder anderen Wesir in Istanbul eine vollautomatische Edelkarosse als kostenloses Probeexemplar. Damit sich der Herr Minister von guter deutscher Wertarbeit überzeugen möge, die es ihm gestattet, nur mit einem Knopfdruck besonders komfortabel von A nach B zu gelangen, gegebenenfalls auch volltrunken völlig gefahrlos. So was schafft Vertrauen!»

«Wie aber kommt man an diesen Schultes heran, ohne den Rabenschnabel gezeigt zu bekommen?»

«Kein Problem! Nicht weit von dir – gleich um die Ecke in Adligenswil – leistet er sich nämlich eine exotische Konkubine samt lauschiger Wohnung. Der gute Mann ist uns verpflichtet, weil wir da ein Auge zudrücken, auch bei der Steuer. Ich könnte ein Abendessen ausmachen. Die Beiz Frohsinn im benachbarten Udligenswil ist beliebt bei verwöhnten Gourmets, zu denen ich Schultes zähle!»

«Super Idee, Ferdili! Noch besser, wenn Bern die Rechnung übernähme, geht es schliesslich doch um nicht weniger als den Weltfrieden!»

* * *

Auf Kosten der Eidgenossenschaft liessen Ferdinand Herzog und Martin Jost ein paar Tage darauf im Restaurant Frohsinn zu Udligenswil ihrem auswärtigen Gast Hans-Werner Schultes und sich selbst ein köstliches Mahl von zart gebratenem Hähnchenfleisch vorsetzen, dazu einen Ostschweizer Blauburgunder mit Prädikat.

Nach dem vierten Glas gab der Deutsche zum Besten, worauf seines Freundes Lutfi Effendi politischer Erfolg in Istanbul beruhte. Der Minister hatte es geschafft, des Problems Nummer Eins der islamischen Staatsführung Herr zu werden Es war ihm nämlich etwas gelungen, was niemand für möglich gehalten hatte – die haarsträubende Bevölkerungsexplosion einzudämmen. Besonders schwer machte die Plage der Nilprovinz zu schaffen. Auf Lutfis Weisung war für ägyptische Bürger erstmalig eine Altersversicherung eingeführt worden, deren rechtliche wie ethische Grundlage sogar den Regeln der Scharia entsprach, hatte doch nach überlieferter Tradition einst Prophet Mohammed der vorbildlichen Keuschheit seiner Lieblingsfrau Aischa grosses Lob gezollt. Im Umkehrschluss haben Eltern einen Malus in die Rentenkasse einzuzahlen, der sie nach der Zahl ihrer Sprösslinge berechtigt. Dagegen steht Eheleuten ein Bonus für jede amtlich registrierte Abtreibung zu, ungeachtet des beschädigten Rufes der Frau wegen verhinderter Mutterschaft. Wiederum ein Malus wird fällig für jedes Kind, das eine Frau nach ihrem vierzigsten Lebensjahr gebärt. Kann der Kindsvater nicht zahlen, muss er die Schuld mit harter, körperlicher Arbeit ableisten.

Das half, dem bis dato nicht zu bremsenden Babyboom Einhalt zu gebieten. Innerhalb von zwei Generationen begann die ägyptische Bevölkerung erstmals merklich zu schrumpfen. Lutfi Effendi, der das Allheilmittel gegen die demografische Gefährdung der Menschheit gefunden und in Ägypten erfolgreich erprobt hatte, konnte sich im politischen Umfeld des Kalifat deshalb so gut wie alles erlauben.

«Selbst den ungeliebten Statthalter von Rum entlassen und den Posten neu besetzen?»

«Warum nicht?», war Herr Schultes überzeugt. «Soweit es ihm persönlich nur irgendwie zum Vorteil gereicht, selbstredend. Dazu ist mir bisher leider nichts Gescheites eingefallen. Hätten Sie eine Idee? Meine Freunde und ich wären Ihnen mehr als dankbar!»

Martin Jost hatte wie immer die passende Redewendung parat: «Man muss mal schauen!»

* * *

«Nichts einfacher als das!», befand Lisa von Lerchenfels «Dein Freund Schultes begibt sich nach Istanbul und überzeugt den Lutfi Effendi von der Notwendigkeit einer Inspektionsreise durch Rum. Inkognito, gemeinsam mit dem zukünftigen Statthalter seiner Wahl, sicher einem passablen Bürschchen!»

«Und wie sollte man ihm das schmackhaft machen?»

«Wir stellen mit der Hilfe der gräflichen Frau Schultes eine Liste edler, gut erhaltener Adelssitze zusammen, deren Schlossherrschaft über heiratsfähige Töchter verfügt. Selbige müssten nur bereit sein, wenigstens nicht von vornherein die Ehe mit einem zukünftigen Gross-Emir auszuschliessen. Lutfis Kandidat für das Amt sollte neben fachlicher Eignung und dem nötigen

Charisma auch ein gefälliges Äusseres, sowie anständige Manieren vorzuweisen haben. Es wäre doch gelacht, wenn es da nicht irgendwo zünden sollte!»

«Du könntest einer jungen Dame von Stand vielleicht einen Türken zumuten. Aber der wäre aller Wahrscheinlichkeit nach Moslem. Und dann?»

«Hm!» Um über diese Hürde hinwegzukommen, musste Lisa kurz nachdenken. Da sie so rasch zu keinem Schluss gelangte, wischte sie die Frage mit einer Handbewegung vom Tisch.

«Macht nichts. Sie geht sonntags in die Kirche oder auch nicht, er freitags in die Moschee, wie es sich für den Statthalter des Islamischen Kalifats gehört. Ende der Jugendvorstellung!»

«Und die Kinder?»

«Nun hör aber auf mit deinem ewigen Quengeln, Martin! Kommt Zeit, kommt Rat.»

* * *

Die dreifaltige Herrenrunde von Udligenswil traf sich bald darauf bei einem neuerlichen Stelldichein; diesmal zum Aperó auf Schloss Meggenhorn. Die Stadt Luzern hatte die in ihrem Besitz befindliche und seit Menschengedenken zum Verkauf stehende Pracht-Immobilie für diesen Anlass zur Verfügung gestellt. Gelegentlich fanden dort klassische Konzerte und andere klangvolle Anlässe statt, denen gastronomisch erste Adressen aus der Umgebung jeweils das Catering besorgten. Dem angesehenen Mitbürger Martin Jost erfüllte man im Rathaus bereitwillig kleine Wünsche. Auf ein üppiges Catering war diesmal zugunsten einer Platte Käse- und Schinkenröllchen verzichtet worden, deren Herrichtung Hans-Werner Schultes seiner Adligswiler Liebsten in Auftrag gegeben hatte. Der Pensionär Ferdinand Herzog steuerte eine Flasche raren Malt Whisky aus seinem privaten Bestand bei. Man war ungestört, schon weil die Öffentlichkeit zu dieser Stunde keinen Zutritt zum Schloss und Martin Jost dessen Hausschlüssel hatte.

Wie von ihm vermutet, war der deutsche Industriemagnat wenig begeistert von Lisas Idee, einen Minister des Kalifats mit Kniffen zu ködern, wie sie eher schon von der Zunft professioneller Heiratsvermittler praktiziert würden.

«Den hochrangigen Herrn aus Istanbul zu einer Dienstreise durch Rum zu bewegen, nur um ihn beim Besuch alter Schlösser nebst jungfräulichem Inhalt diskret mit allfälligen Gewohnheiten unserer Adeligen vertraut zu machen, insbesondere der löblich friedfertigen Gesinnung preussischen Junkertums? Nein, das geht nicht!», verwarf der Automanager den Einfall. «Unsere noch so hehre Absicht ist keinesfalls in den Vordergrund zu rücken! Vielmehr sind hauptsächlich aktuelle technische Innovationen in ministeriellen Augenschein zu nehmen, wie sie auch dem Islamischen Reich von Nutzen sein dürften. Da gibt es doch eine ganze Menge von Neuerungen, nicht nur bei unseren fahrbaren Untersätzen!»

«Zum Beispiel?»

«Wasser ist immer ein gutes Thema! Bei der Besichtigung unserer neuesten, hochmodernen Entsalzungsanlagen läuft dem Fachmann im wahrsten Sinne des Wortes das Wasser süss im Mund zusammen! Oder der jüngste Fortschritt in der Geothermik, ebenfalls in unserem erweiterten Beritt! Die energetische Wundertüte quillt doch über in Rum, obwohl oder gerade weil der Atomausstieg längst beerdigt und dank jüngster Nukleartechniken selbst für Knallgrüne ein Kernenergieverbot illusorisch geworden ist. Plausible Gründe zum Begraben der dümmlich geschürten Furcht vor Genfood dürften auch im Kalifat längst Aufmerksamkeit gefunden haben, fanden doch die frommen Gelehrten von Al Azhar weder im Koran noch in den Traditionen irgendwelche Hinweise auf Ablehnung des Propheten von genveränderten Rohstoffen für die Nahrungsmittelindustrie!»

«Das ist doch mal was!», gab Martin zu. «Da staune ich als Laie und der Fachmann wundert sich!»

Ganz gegen seine Gewohnheit lockerte auch Ferdinand die etwas muffige Atmosphäre im altbackenen Salon von Schloss Meggenhorn durch einen flotten Spruch auf: «Viel überzeugender als mancher an den Geheimdienst herangetragene Blödsinn! Wie das Unwesen der persönlichen Überwachung mit fernsehkontrollierten Webcams. Lügen hatten schon immer kurze Beine, nun sollen sie diese handlichen Apparate aussichtslos werden lassen!»

Das flüssige Gold aus Schottland zeigte auch Wirkung bei dem Deutschen, der den Humor nicht gepachtet hatte. Er lachte lauthals und ging als Erster unvermittelt zum vertraulichen Du über – was eigentlich eher Sache eines der beiden Schweizer gewesen wäre.

«Ferdinand, alter Junge», gestand er dabei dem Älteren zu, «so viel Witz hätte ich dir gar nicht zugetraut! Wenn es Martin und dir Recht ist, arbeite ich ein Besuchsprogramm für den Türken aus. Was die Auswahl gastlicher Burgen betrifft, richten wir uns nach der Nähe zu allfälligen Innovationsprojekten, nicht der Schönheit eingesessener Töchter. Sehr ansehnliche adelige Jungfrauen sammeln wir ein, wo wir sie finden. Die werden dann rein zufällig bei dem Schlossbesitzer zu Gast sein, der Lutfi Effendi und Begleitung zu beherbergen hat. Den Rest überlassen wir Gevatter Zufall! Einverstanden?»

Die beiden anderen erhoben keinen Widerspruch, dagegen alle drei ihre frisch gefüllten Gläser. «Alsdann – cheers!»

* * *

Um Politisches zu geselligem Beisammensein ging es etwa zur gleichen Zeit auch jenseits des Atlantiks im wohlig herbstlichen Brasilien. Das Provinznest Barreiras, nicht weit vom östlichen Rand des brasilianischen Teilstaates Bahia an einem grossspurig Rio Grande geheissenen Zufluss des Rio Sao Francisco gelegen, beherbergte an diesem Tag eine illustre Gesellschaft. Als deren Gastgeber fungierte allerdings nicht die gewählte Obrigkeit des Kaffs, sondern der ob seines beachtlichen Wohlstandes öffentlich ebenso geschmähte wie heimlich hofierte Mitbürger Antonio Sebastiano, Landwirt seines Zeichens. Immerhin gebot Dom Antonio in unmittelbarer Nachbarschaft über einen Betrieb von mehreren tausend Hektar, auf denen er mit beständigem Erfolg neben Weizen und Soja auch exotische Früchte anbaute, die weit über San Salvador, Sao Paulo, Rio de Janeiro und die Hauptstadt Brasilia hinaus täglich ihren Markt fanden.

Auf dem schnurgeraden, langen Rasenteppich der nicht weit vom herrschaftlichen Haupthaus auf die Wirtschaftsgebäude zulaufenden Landepiste waren die meisten Geladenen schon gegen Mittag eingeflogen, benachbarte Grossgrundbesitzer von teilweise hundert Kilometer und weiter entfernt liegenden Fazendas. Doch dafür hatte man eben sein privates Fluggerät, das nun dutzendweise den Rand des Flugfelds zierte.

Nur einer der erwarteten Besucher war mit der staatseigenen Fluggesellschaft angereist, die Salvador do Bahia mit der Brasilia verband und in Barreiras zweimal täglich zwischenlandete – dank Dom Sebastianos Grosszügigkeit auf dessen privaten Grund. Bei dem sich bescheiden gebenden Benutzer des öffentlichen Verkehrsmittels handelte es sich um den Ehrengast, den Staatschef höchstpersönlich. Die aus einem mitteleuropäischen Ghetto stammenden Vorfahren Seiner Exzellenz Frederico Richter hatten dereinst in Brasilien eine neue Heimat wie auch in des Landes aufstrebender Industrie Arbeit und Auskommen gefunden. Anfangs betriebsame Handlanger, mischten Generationen von Richters als kaum minder eifrige Funktionäre bei ihrer Industriegewerkschaft mit. Spross Frederico hatte es nicht allein zu deren oberstem Boss gebracht. Im zarten Alter von nur fünfundfünfzig Jahren konnte er bereits auf seine dritte Amtszeit als ebenso unbestrittener, wie demokratisch gewählter Staats- und Regierungschef der Republica Foederativa do Brasil zurückblicken. Nur bei ausländischen Kritikern stand sein Regime bedauerlicher Weise im Rufe einer Linksdiktatur. Warum, wusste er selbst nicht. Gut – er gab der Masse des Volkes, wonach es sie dürstete – Brot und Spiele. Es gab geregelte Arbeitszeiten, Recht auf reichlich Urlaub, täglich Fleisch und andere staatlich subventionierte Grundnahrungsmittel. Des Weiteren stand Fussball vom Feinsten am freien Wochenende an, Nervenkitzel für alle hochbezahlte Kicker wie Zocker, bekennende Fans und Normalverbraucher. Doch was sprach gegen eine Mehrheit von glücklichen Untertanen?

Nichts! Ganz im Gegenteil, Dom Federico verlangte von seinen Beratern vor allem, neue Ideen zu entwickeln, wie man die urbanen Massen bei Laune hielt. Unter Vermeidung von Blutvergiessen, Vandalismus und Staatskosten, versteht sich. Das besondere Augenmerk der Obrigkeit hatte dabei immer der Metropole Sao Paulo zu gelten. Von deren bald 30 Millionen Einwohnern waren um die 60 Prozent Heisssporne, die es ständig davon abzuhalten galt, aus irgendeinem kühlen Grund den Staatspräsidenten stürzen zu wollen.

Federico Richter war ein Geniestreich gelungen. Wenn dieser auch nicht auf seinem eigenen Mist gewachsen war, hatte er ihn wenigstens selbst umgesetzt und damit nachhaltig die Herzen der einschlägigen Klientel gewonnen. Da gab es doch die einstmals zur Fussballweltmeisterschaft anno 2014 errichteten Stadien – überdimensionierte Millionengräber, die seither die Löcher in der Staatskasse immer weiter einrissen. Gegen die dadurch beschleunigte, notorische Schwindsucht der nationalen Währung pflegten nicht nur professionelle Unruhestifter in schöner Regel zu demonstrieren, zum Ärger von Geschäftsleuten, Verkehrsteilnehmern und Passanten vornehmlich in den Einkaufvierteln der Innenstadt von Sao Paulo. Dem gegenwärtigen Präsidenten war die Patentlösung zum Unterbinden jeglicher Krawalle mit einem Streich zugeschrieben worden. Zur Zufriedenheit aller Beteiligten hatte er die Demonstrationen von der Strasse ins Stadion verlagert, wo die Fussballfans nach dem Abpfiff des Matches ihre Plakate entrollten und lauthals skandierend rund um das Spielfeld trugen. Dabei wurden sie freigiebig mit Leckereien und Getränken versorgt, Letztere mit harmlosen, das Glücksgefühl steigernden Zusätzen; darüber hinaus regelmässig Geschenke verteilt, modische Scherzartikel und kleine Überraschungen, die grosse Freude bereiteten, dies alles – weil ein kleineres Übel – klaglos privat finanziert von der Geschäftswelt.

Da es für die Demonstranten bald nichts mehr zu bejammern gab, fielen sie in die Jubelrufe ein, die Vorturner aus dem Lager des Präsidenten auf eben diesen im Rund des Stadions ausbrachten.

War der Staatschef bei den früheren Nörglern, Aktivisten, Randalierern und ihren Sympathisanten äusserst beliebt, wurde er von den übrigen Bürgern zumindest geachtet, schon wegen seines bescheidenen Auftretens, des Verzichts auf staatlich finanzierten Pomp und die geringste Spur von Korruption. So konnte er sich alle vier Jahre eine freie Wahl erlauben und es sich ebenfalls demokratisch leisten, auf die Gunst der die Zeche zahlenden Minderheit zu pfeifen. Genau Letzteres vermied er hingegen. Dank nicht genau zu definierender, seinem Ego zweifellos günstiger Gene schlau wie der Fuchs im Märchen, heulte er zwar öffentlich mit den Wölfen, suchte insgeheim aber das Wohlwollen seiner Alphatiere, sprich: der nicht immer ganz freiwilligen Geldgeber. Was konnte es schaden, den Reichen – natürlich unbeobachtet und nur sonntags – ein wenig um den Bart zu gehen, den ihnen für ihren Beitrag zu seiner erfolgreichen Politik gebührenden Dank abzustatten? Schliesslich war ja auch Richters Klientel froh, die unbedarfte Wählermehrheit, dass jemand die Rechnung für ihren Spass beglich. Wer stimmt schon für die Schlachtung seiner besten Milchkühe?

Jedenfalls war die sonntägliche Stimmung im Herrenhaus von Barreiras gut. Calpirinha, Caipiroska, aber auch einheimischer Rotwein flossen in Strömen, jedermann war stolz auf die unerreichte Qualität brasilianischer Cocktails und den erzielten Geschmack einheimischen Rebensaftes. Antonio Sebastiano und seine Frau Sandra – ihre Eltern hatten sie als junges Mädchen zur Ausbildung nach Lausanne geschickt, wo man ihr nicht nur Französisch, sondern nebenher die auch südländischen Republikanern imponierende hohe Schule aristokratischer Manieren beigebracht hatte – waren zufrieden.

«Sie kennen natürlich unseren lieben Freund von Irece, Dom Serafino Maturo y Aurujo, verehrter Senhor il Presidente. Doch sicherlich noch nicht seine charmante Tochter Delinda», stellte der Hausherr vor. «Diese schönste Blume von Bahia schmückte bis vor kurzem ausländische Salons – zuerst im königlichen Schottland, dann der SAU, der Souveränen Alpen Union, ringsum eingeschlossen vom moslemischen Rum! Jetzt erfüllt sie wieder die heimatlichen Gefilde mit ihrem zarten Duft!»

Federico Richter war entzückt. Nicht von Sebastianos schwülstigen Worten, wohl aber vom Anblick der jungen Frau. Wie gewohnt, hatte Delinda kaum Make-up zur Hilfe nehmen müssen, um lieblich zu erscheinen. Darüber hinaus wusste sie – wie die Hausfrau, ihre Freundin Sandra – die Haltung einer Dame von Welt zur Schau zu tragen und zugleich Männer jeder Couleur mit gekonntem Mienenspiel zu betören.

«Ich kam diesmal nach Barreiras, verehrte Senhorita, um Dom Sebastino und seinen Freunden ganz privat Erfreuliches aus dem Nähkörbchen der Regierung preiszugeben, zu dessen

Nadel und Faden ich Zugang habe», stellte das Staatsoberhaupt schlitzohrig sein Licht unter den Scheffel. «Dies hier und heute rasch erledigt, würde ich mich gern bei Ihnen persönlich ein wenig schlauer machen. Wir Brasilianer neigen ja wohl dazu, unser Land als Nabel der Welt zu betrachten. Aber anderswo leben auch Leute – wie man hört, mehr oder weniger zufrieden mit ihrem Dasein. Stimmt es? Ich brenne darauf, das ungeschminkte Urteil einer klugen Frau zu hören, die sich in der Fremde umgesehen hat!»

Auf seine Schmeichelei geschwind ihr Mienenspiel einzustellen, fiel Delinda leicht. «Nur zu gern, Senhor il Presidente!», zwitscherte sie vielversprechend. «Soweit es Ihre Zeit erlaubt, stehe ich Ihnen ganz zur Verfügung!»

Der Gastgeber hatte nicht umsonst die Ohren gespitzt. Vorsichtshalber zog er die Regie wieder an sich. Alles lief wie am Schnürchen. Die Gäste gaben zu erkennen, noch bei Tageslicht nach Hause fliegen zu wollen. So war es üblich. Wer verfügte schon über ein Nachtlandegerät? Auch rief daheim die Arbeit. Also spazierte man am Nachmittag gemeinsam in Richtung Parkplatz. Auf halbem Wege bot eine Gruppe von Olivenbäumen Kühle, Schatten und vor allem Sicherheit vor ungebetenen Lauschern. Ein geeigneter Platz, um noch einmal die Köpfe zusammen zu stecken. Der Präsident räusperte sich, dankte für die ihm erwiesene Aufmerksamkeit und sprach – wohlgemerkt in der dritten Person – sein auswendig gelerntes Wort zum Sonntag.

Ohne sorgfältig dosierte Steuer auf Agrarexporte – ging er das für die Exponenten der Agro-Industrie heikle Thema an – sei es finanziell nun einmal nicht zu machen! Vom Beitrag zum sozialen Frieden, den die hier Anwesenden mit ihren Abgaben leisteten, einmal ganz abgesehen.

Auf die von nochmaligem Räuspern geschwängerten Molltöne seiner Einleitung hin blies Richter ein Staccato von reinstem Dur in die Ohren der Gutsbesitzer. Angesichts erfreulich gestiegener Ausfuhren im Agrarbereich – der Gentechnik sei Dank – erwäge die Regierung derzeit nun aber durchaus ins Gewicht fallende Rückerstattungen auf das am Vorjahrsaufkommen gemessene Mehr. Weil kaum volkstümlich, würde die Massnahme natürlich nicht an die grosse Glocke gehängt und man möge tunlichst darüber Stillschweigen bewahren.

Die Anwesenden wussten zu schätzen, dass ihr Staatschef ein Herz für sie zeigte. Ein jeder dankte ihm dies mit kräftigem Händedruck, der eine oder andere sogar feuchten Auges. Gut gelaunt bestiegen die Grossgrundbesitzer ihre Flieger, starteten durch und hoben dicht hintereinander ab. Der Staatspräsident winkte ihnen nach.

Vorausschauend hatte er seinen Rückflug nach Brasilia erst auf den frühen Montagmorgen gebucht. Auf seine Übernachtung in Barreiras eingerichtet, hatte Federico Richter mit Genugtuung zur Kenntnis genommen, dass auf Drängen der Gastgeberin auch Delinda Malt-Maturo dageblieben war. Beim Nachtessen machte er ihr so unauffällig wie irgend möglich den Hof – natürlich nicht, ohne auch die Hausfrau gebührend zu beeindrucken. Dabei suchte er eigentlich nur nach einem unverfänglichen Vorwand, die Bekanntschaft mit der schönen Tochter des Dom Serafino aus Irece zu vertiefen. Noch rechtzeitig zum Dessert läutete es *Bingo!* in seinem genetisch gut vernetzten Hinterkopf.

«Kennen Sie eigentlich das Pantanal», fragte er, den beiden Damen zugewandt. «Das wildreiche Kleinod im Südosten unseres Landes?»

Delinda hatte keine Ahnung, Senhora Sandra wenigstens schon davon gehört. Mehr allerdings nicht.

Also schwärmte er erst einmal ausgiebig von dieser Sumpflandschaft, dem grössten Biotop der Erde, dessen Bewahrung als Naturwunder er – der Landesvater – sich selbst ganz nebenbei rühmte. Da wimmelte es nur so von furchterregenden Alligatoren und Kaimanen! Eine Vielzahl von Vogelarten – wie der Storch Japiru – warnten durch ihr Geschrei possierliche Capivaras bis mannsgrosse Ottern, Sumpfhirsche, Brüllaffen und andere Beutetiere vor dem Zugriff der hier heimischen Raubkatzen wie Jaguar, Puma und Ozelot. Gelegentlich schaute auch einer der seltenen Tapire nach den Touristen. In den Fluten der Flussläufe tummelten sich zudem unzählige Piranhas, die eine ins Wasser getauchte Hand im Nu bis auf das Skelett abnagten!

Den Damen lief ein wohliger Schauer über den Nacken. Wer bekam da nicht Lust auf eine Safari im Pantanal? Genau das hatte Frederico Richter beabsichtigt.

«Mein Parteifreund und Kollege Ludovico Othello, seines Zeichens Gouverneur von Mato Grosso, besitzt dort am Fluss ein hübsches Ferienhaus. Mit eigenem Landesplatz, Klimaanlage und Speedboat, wohl gemerkt. Er freut sich immer über nette Gäste. Würden Sie einer Einladung Folge leisten?»

«Auf der Stelle!», platzte Delinda heraus und sah sich Beistand heischend nach Sandra Sebastiano um. Diese wiederum blickte fragend auf Antonio, ihren Gatten.

«Macht ihr beiden Hübschen euch dort ein paar schöne Tage? Passt im Freien nur schön auf! Mit den grossen Echsen, Piranhas und Millionen von Stechmücken ist im Pantanal wenig zu spassen!», gab der Hausherr grünes Licht. Für ihn eine gute Gelegenheit, zur Abwechslung wieder einmal jene pralle Tänzerin aus der Mekka-Bar vor Ort in sein Bett zu holen, die ihn gelegentlich mit ein wenig plebejischer Abwechslung erfrischte.

Gewohnt, immer gleich gute Gelegenheiten beim Schopf zu greifen, entschuldigte sich Richter für einen Augenblick, zückte schon auf dem Weg zu seinem Zimmer sein Smartphone und tippte die Geheimnummer seines Freundes Ludovico Othello ein, dem Gouverneur von Mato Grosso. Dieser meldete sich prompt aus seiner Residenz in Cuiaba, der Hauptstadt des an Bolivien grenzenden Teilstaates. Seine Einladung an die beiden Damen, das kommende Wochenende in seinem Landhaus im Pantanal zu verbringen, überbrachte der Staatspräsident weniger als fünfzehn Minuten später. Der gastfreundliche Parteifreund habe auch ihn gebeten, fügte Frederico Richter hinzu. Zufällig könnte er es einrichten und wäre gern dabei – falls es den Senhoras Recht sei! Selbstverständlich war es das.

* * *

Drei Tage nach dem für eine umtriebige Schöne vielversprechenden Sonntag erhielt im fernen, dieses Jahr noch empfindlich kühlen Auckland der junge Mr. Elmer schon vor dem Frühstück elektronische Post aus Brasilien. Vom Vortag, des Zeitunterschiedes wegen. Es war eine Videonachricht von Delinda

Malt-Maturo, in die er sich wenige Wochen zuvor in der Schweiz vergafft hatte und die er nun bald in Kalifornien zu treffen gedachte. Vielleicht, um ihr die Ehe anzutragen. Doch diesmal gurrte die schöne Brasilianerin nicht liebevoll ins Mikrophon. Auf dem kleinen Bildschirm zeigte sie zudem eine Miene, die Julian nichts Gutes erwarten liess.

«Sei mir nicht gram, wenn ich hiermit unsere angebahnte Beziehung abbreche», beschied sie ihn kurz und bündig. «Mir wird die Position einer First Lady meines Landes angeboten. Das kann ich doch nicht ausschlagen! Lebe wohl und suche dir eine andere Gespielin – vielleicht in Hollywood, falls du bereits deinen Flug nach Kalifornien gebucht hast. Herzlichst – Delinda!»

Julian Elmer brach weder zusammen noch in Tränen aus. Er spülte seinen flüchtigen Ärger über die barsche Abfuhr mit einer Tasse Tee hinunter. Nun denn – es hatte nicht sollen sein! Er war nun mal kein Kind von Traurigkeit. Davon abgesehen, hatte mit zunehmender geografischer Entfernung von der neuen Flamme deren Glut im Herzen des Neuseeländers bereits an Hitze eingebüsst, wurde er zudem doch immer wieder vor interkulturellen Beziehungen zwischen den Geschlechtern gewarnt, und dies zweifellos zu Recht. Waren nicht in der vorigen – oder schon vorvorigen – Generation Ehen von Partnern aus unterschiedlichen Welten massenhaft in die Brüche gegangen? Seitdem *Political Correctness* aus der Mode gekommen war, konnte man darüber in jedem Roman nachlesen, mit stichhaltigen Begründungen.

Die Liebe auf den ersten Blick hatte sich dann auch mehr als Versuch des Lausbuben entpuppt, diesem arroganten Fatzke von Onkel Martin Just in Luzern aus einer spontanen Laune heraus mal eben die Mätresse auszuspannen. Wäre sie wenigstens von Haus aus Schweizerin gewesen, hätte der Schuss Exotik einen pikanten Cocktail ergeben! Doch als Schlagrahm auf dem in Lateinamerika von selbstgestrickten Diktatoren eingerührten sozialistischen Einheitsbrei? ‹Lass also fahren dahin, du notorische Anmacherin! Werde First Lady von Brasilien – was immer das bedeuten mag!› Hatte sie doch nach der reizvollen Begegnung auf dem Luzerner Golfplatz ihrem bisherigen Liebhaber kurz und bündig per SMS den Laufpass gegeben, ihn seinetwegen sitzen gelassen, diesen hochgestochenen Martin Jost! Davon war Julian zunächst felsenfest überzeugt, in seiner Männlichkeit bestätigt und somit ungemein geschmeichelt gewesen.

Die Neuigkeit brühwarm den Eltern – sie hatten in Genua gerade ihre Suite auf dem Dampfer bezogen – unterzujubeln, hatte er sich nicht versagen können. Glücklicherweise war es ihm dabei gelungen, nicht sich selbst die plötzliche Trennung des gastfreundlichen Paares in die Schuhe zu schieben. Dennoch hatte Mutter Maria mit hochrotem Kopf, Vater Axel stirnrunzelnd reagiert. Nichts zu machen – Pustekuchen!

Schon auf dem Weg ins Büro beschloss Julian, flüchtige Emotionen beiseite zu schieben und sich auf das Naheliegende zu konzentrieren. Mangelte es doch auch hierzulande gewiss nicht an Gelegenheiten für Flirts auf jeder Ebene, zu Wasser und zu Lande! Man brauchte nicht einmal den Eigner eines Segelbootes der Luxusklasse herauszukehren – wenngleich das von Nutzen war, so man beabsichtigte, den Schmus auszudehnen. Ausserdem lebte es sich, fand Julian in diesem Moment wieder einmal, auch ohne ehelichen Sex recht gut in Neuseeland, diesem Wurmfortsatz der Royal Anglo Saxon Union. Beiderseits des Atlantiks hatte die Regierung längst ihre Lehren aus den Fehlern der Vergangenheit gezogen und das Rezept nach Australien und Neuseeland weitergereicht. Nur keinen Streit, weder im Privaten noch in der Politik!

Manche behaupteten, die Wohlfühl-Mixtur sei auf dem Mist Seiner Majestät König Georg VII. höchstpersönlich gewachsen. Andere meinten hinter der vorgehaltenen Hand, man hätte sich einfach an dem orientiert, was – en miniature – die kleine Schweiz seit eh und je vorexerziert hatte. Jedenfalls war man im Königreich beizeiten die unentwegte Keilerei zwischen den Parteien Leid gewesen. Immer wieder hatte die in der Opposition befindliche den Wählern viele geldwerte Vorteile versprochen, um die an der Macht bei nächster Gelegenheit aus dem Sattel zu heben. Gelang das, begann das Spiel mit umgekehrten Vorzeichen von vorn. Bis die Finanzkrisen in Europa und USA den Bürgern der westlichen Demokratien die Augen öffneten. In die Enge getrieben, einigten sich die politischen Konkurrenten auf ein Konkordat, welches auf ihre unbefristete Koalition hinauslief – für alle Ewigkeit. Gab es dennoch Streit, weil sich jemand auf Kosten des anderen profilieren wollte, zog ein allseits anerkannter Schiedsmann, wie vom Fussballfeld gewohnt, die gelbe oder gar rote Karte, im Zweifel die hehre Aufgabe des Monarchen. Ende des Gerangels und der Geldverschwendung!

Gleich nach Übernahme des Konkordats durch Neuseeland, schon zu Zeiten der Grosseltern, hatten die jede Rücksichtnahme auf ungeliebte Minderheiten ledigen Koalitionäre ihr Land von einer lästigen Plage befreit, Rücksichtnahme auf die bis dato als privilegierte Ureinwohner gehätschelten Maoris.

Kein Zweifel – die Inseln waren von diesen pazifischen Nomaden zu ihrem Tummelplatz erkoren worden, ehe nachfolgende britische Siedler dort Ackerbau und Viehzucht, später auch Gewerbe und Industrie eingeführt wie allemal für geordnete Verhältnisse gesorgt hatten. Doch berechtigte dieser Umstand die Maoris, für ihr Lotterleben rechtschaffene Bürger zur Kasse zu bitten? Dazu waren Politiker wohl früher bereit gewesen, als sie noch um jede Stimme buhlen mussten. Inzwischen hatte man diese Mitbürger in ihre Schranken gewiesen, wo sie sich inzwischen als Handlanger und Dienstboten noch durchaus nützlich machen konnten.

Julian Elmer holte tief Atem. Ohne sein Zutun hatte der Sportwagen den Stellplatz in der Tiefgarage des Bürohauses gefunden. Der Elektromotor verstummte. Was zum Teufel hatte die Brasilianerin Delinda mit Neuseelands Maoris zu tun? Eben nichts. Also hiess es aussteigen, beide vergessen und zur Tagesordnung übergehen!

* * *

Die Regierung des Islamischen Kalifats tagte an ihrem Amtssitz, dem Prunksaal 1 des um 1850 am Bosporus erbauten Dolmabahce Serails. Der später mit allen erdenklichen modernen Annehmlichkeiten ausgestattete Palast hatte einst Sultan Abdulmecid I. und seinen Nachfolgern bis zum Ende der Monarchie, dann auch noch Kemal Atatürk als letzte Bleibe gedient.

Auf der dem Ministerrat vorliegenden Agenda figurierte die Lage im Gross-Emirat Rum an erster Stelle.

Dazu trug Lutfi Effendi aus dem Stegreif vor. Auf diese Weise konnte er die Stimmung seiner Kollegen im Griff behalten. Er verbuchte es als Vorteil, dass im Exekutivgremium für den Sheich-ul-Islam diesmal jener Schriftgelehrte einsass, der vor kurzem die Tagung in Brüssel beschickt hatte und somit den Gross-Emir persönlich kennenlernen und einschätzen konnte.

Da man sich – nicht allein aus Bequemlichkeit – den Grundsatz der Konsensfindung des Schweizer Bundesrates zu Eigen gemacht hatte, rechnete Lutfi nach kurzer Beratung mit einem einstimmigen Beschluss im Sinne seiner Vorstellungen.

Die Regierungsgeschäfte funktionierten unter den auf legitime, wenn auch nicht gerade demokratische Weise zu Amt und Ehren gekommenen Ministern am Bosporus genau wie anderswo. Es galt, Egoismen zu bündeln und das daraus erzeugte Konvolut als Beschluss zum Besten des Volkes zu verkaufen. Auf diese Weise vermied man Streit und Ärger, verschaffte sich genug Beliebtheit bei den Kollegen, den Medien und der Öffentlichkeit. Dies natürlich in erster Linie zur Wahrung der eigenen, wohldotierten und mit ebenso nützlichen wie wohltuenden Privilegien versehenen Position ganz oben im Machtgefüge. Gab es doch nicht minder Selbstsüchtige, die ihr Ziel nur mit Hilfe eines sträflich unachtsamen Umfeldes erreicht hatten, dessen kollektiver Mitte sie – die Anwesenden – zu entkommen und daraus zur Alleinherrschaft emporzusteigen vermocht hatten. Beispiele aus der Geschichte gab es genug. Nicht allein die Diktatoren des 20. Jahrhunderts zählten dazu. Man brauchte nur aufzusehen und an der Stirnwand des Sitzungssaales das Porträt Kemal Atatürks zu betrachten, dessen Postulate man angesichts der lästigen Erfahrung mit dem schiitischen Ayatollah Khomeini doch wieder aus der Schublade hervorgeholt und in die Tagespolitik eingebracht hatte – bei aller Rücksichtnahme auf die Befindlichkeiten der geistlichen Kollegen von Al Azhar. Zum Glück war denen jedoch längst klar geworden, dass sie sich nur durch reformerische Auslegung des Koran zugunsten des egalitären Zeitgeistes der Moderne vor Gefahren schützen konnten, die von einer Moslembruderschaft oder islamistischen Gewalttätern nach dem Muster der einst berüchtigten El Quaida drohten. Auch die religiöse Obrigkeit des Kalifats war weniger von Altruismus durchdrungen. Die Schriftgelehrten unter dem als Primus inter Pares agierenden Sheich-ul-Islam wussten ihr Dekorum sehr wohl zu schätzen und zu schützen.

Zum Ritual gehörte hier wie dort, sich beizeiten der Zustimmung von Kollegen unter vier Augen nach der Devise zu versichern, *eine Hand wäscht die andere*. Damit vermied man im Plenum lästige Diskussionen und brachte die Tagesordnung zu Ende, ehe die Stunde des Mittagsgebetes schlug – das natürlich medienwirksam in Szene zu setzen war.

In der türkisch dominierten Tagespolitik beherrschte Lutfi Effendi wie kaum ein zweiter Strategie und Taktik dieses interaktiven Spiels. Seine Anliegen fanden im Ministerrat regelmässig noch so rechtzeitig uneingeschränkte Zustimmung, dass Zeit für einen starken, heissen Café Turk blieb, ehe die Sonne im Zenit stand, die Kamera der Tagesschau klickte und der Kollege aus Kairo als Vorbeter das zu Mittag fällige *Zuhur* intonierte.

Der Ministerrat des Islamischen Kalifats dekretierte demgemäss die ehrenvolle Entlassung des Scheichs Mohamed Ali Ibn Kara Ben Nemsi als Gross-Emir des kalifischen Hoheitsgebietes von Rum zum Schluss des mit dem Tag vor Ramadan endenden Haushaltsjahres, sowie die öffentliche Auslobung des in Brüssel frei werdenden Postens nach Massgabe der festgesetzten Auswahlkriterien. Ebenfalls einstimmig genehmigt wurde schliesslich eine Dienstreise des ehrenwerten Kollegen Lutfi Effendi nach Rum, in Begleitung des noch zu kürenden Nachfolgers im Anschluss an dessen offizielle Ernennung. Für die Inspektion verschiedener Teile des nördlichen Gross-Emirats stand ein Sonderzug der Staatsbahn RRR zur Verfügung, für dessen Antriebsaggregate auf der modernisierten Trasse des alten Orientexpress weniger als 24 Stunden ausreichten, um die Strecke von Istanbul nach Wien zu bewältigen.

Der nächste Ramadan würde im kommenden Jahr im April beginnen.

Lutfi ging davon aus, die Nachfolgeregelung zügig erledigen und die Reise in spätestens sechs Monaten antreten zu können. Das teilte er gleich nach der Sitzung dem deutschen Spitzenmanager Hans Werner Schultes mit. Der liebe Freund möge das vorgesehene Besuchsprogramm vorbereiten. Dankbar wäre man auch für die Bereitstellung eines repräsentativen Fahrzeugs bei Ankunft in der Donaumetropole. Ein genauer Termin würde beizeiten festgelegt. Und ja – neben der Inspektion von Entsalzung, Genfood und anderen sehenswerten Innovationen würde man lieber privaten Einladungen von freundlichen Gastgebern, die über eine geeignete Infrastruktur verfügten,

Folge leisten, als auf dem Präsentierteller in Hotels zu übernachten!

* * *

Am späten Sonntagmorgen eines frühlingshaften Novembertages in der brasilianischen Hauptstadt Brasilia traf der Staatspräsident letzte Vorbereitungen für seinen Abflug nach Bahia. Gerade hatte Federico Richter den Rock des formellen Anzugs zugeknöpft, den er zur Eröffnung einer Legislaturperiode im Parlament oder beim Empfang ausländischer Ehrengäste anzulegen pflegte und dabei zum wiederholten Male die Worte deklamiert, mit denen er bei Dom Serafino Maturo y Aurujo um die Hand von dessen Tochter Delinda anzuhalten gedachte. Überzeugt, dass ihm der entscheidende Satz einwandfrei von den Lippen ging, schaute er nach der Uhr. Die Zeiger auf dem Zifferblatt der goldenen Rolex sagten aus, dass sein Wagen schon unten vor dem Portal der Residenz vorgefahren sein sollte, um ihn zum Airport zu chauffieren. Er hatte entschieden, diesmal nicht auf den ihm als Staatsoberhaupt zur Verfügung stehenden Flugdienst zu verzichten. Immerhin traf er Anstalten, das Land mit einer First Lady zu beglücken! Nun gut – bei der Auserwählten handelte es sich um eine geschiedene Frau. Doch die Kirche nahm das längst nicht mehr so genau, zumal der Verflossene ein Akatholik und der Bund lediglich von einem schottischen Standesbeamten ohne jeden geistlichen Beistand geschlossen worden war. Die einheimischen Medien hatten ohnedies zugesichert, den Umstand nicht aufzubauschen, soweit man sie nur bei den allfälligen Feierlichkeiten der präsidialen

Hochzeit voll auf ihre Kosten kommen liesse – wofür gesorgt war.

Ein letzter Blick in den Spiegel und der zukünftige Bräutigam begab sich auf den Weg.

«Nur einen Augenblick, Senhor il Presidente», fing ihn sein Privatsekretär auf der Treppe ab, Schweissperlen auf der Stirn, tippte er mit dem Zeigefinger an den Ausdruck einer elektronischen Mitteilung. «Dies hier erreichte uns vor wenigen Minuten!»

«Was ist es denn so Wichtiges?», fragte Richter unwirsch, ohne einen Blick auf das Papier zu werfen.

«Mit Verlaub – es ist amtlich! In Brüssel starb letzte Nacht der Gross-Emir von Rum, Mohamed Ali – wahrscheinlich eines gewaltsamen Todes, wie gemutmasst wird!»

Der Präsident blieb wie angewurzelt auf dem Treppenabsatz stehen und stiess ein Wort aus, dessen Wiedergabe der Chronist besser unterlässt.

«Sagen Sie den Flug ab und verbinden Sie mich mit Senhora Delinda in Irece!», fügte Federico Richter in angemessenem Ton hinzu, machte auf dem Absatz kehrt und verschwand in seinem Schlafgemach. Wenig später hatte er die Braut auf dem privaten Smartphone.

«Was ist? Kommst du nicht? Papa hat sich Schale geworfen und wir freuen uns so!», gurrte sie mit ahnungsvollem Unterton.

«Ich war schon auf dem Weg, Liebste! Aber es ist was Schlimmes passiert! Ich kann es dir aus naheliegenden Gründen nicht am Telefon erklären! Ich muss jetzt sehr auf der Hut und jederzeit in der Lage sein, Schadensbegrenzung zu betreiben. Bitte entschuldige mich bei deinem Vater und sei mir nicht gram!»

«Quatsch!», wehrte Delinda entschlossen ab. «Ich nehme Papas Flieger und bin in drei Stunden bei dir! Buche mir ein Hotelzimmer, damit wir nicht ins Gerede kommen! See you!»

* * *

An seinem Schreibtisch in Luzern atmete Martin Jost auf. Im Büro des toten Mohamed Ali war der Ordner mit den jüngst datierten Ergebenheitsadressen von Mitbürgern aus dem ehemals deutschen Teil von Rum gefunden worden. Darin bekräftigten die Verfasser dem Gross-Emir ihre Ergebenheit, versicherten ihn die Träger vornehmer Namen mit Handzeichen ihrer unvoreingenommenen Hochachtung.

«Damit fallen deine Freunde als Tatverdächtige aus!», erklärte er wenig später Lisa von Lerchenfels bei einer Tasse Tee in ihrer Wohnung.

«Du warst es, der sie zu den Erklärungen veranlasste?»

«Zum Glück habe ich darauf bestanden! Übrigens auf Drängen von Onkel Ferdili. Er gab es mir mit auf den Weg, als wir nach einem feucht-fröhlichen Abend gemeinsam mit dem Herrn Schultes aus dem Meggishorn torkelten. Ich hatte ihm ja vom Treff mit deinen Leuten im Harz erzählt. Die Idee mit der schriftlichen Absichtserklärung stammte von einem der Vermummten. Ferdili kam plötzlich darauf zurück. Du hattest wieder einmal Recht! Ich habe den alten Griesgram gründlich unterschätzt. Er hat es wahrlich faustdick hinter den Ohren und mit seinem Scharfsinn nicht nur mir eine Menge Ärger erspart! Kaum auszudenken, die Geheimdienste wären über Hinterwalden, Vetter Franz, Meister Petz und Co hergefallen und hätten gar herausgefunden, dass ich die Finger im Spiel hatte!»

«Ist ja die Hauptsache», nickte Lisa. «Alles schön und gut! Wer aber hat nun in Brüssel den unglücklichen Mohamed Ali aus Sachsen umgelegt?»

«Keine Ahnung, Muttchen. Doch verlass' dich drauf – ich bekomme es heraus!»

* * *

«Was geht uns der Tod dieses blöden Gouverneurs von Rum an!», fragte eine recht aufgebrachte Senhora Delinda Maturo y Aurujo de Malt ihren verhinderten Brautwerber in dessen wohltemperiertem, angeblich abhörfreien Arbeitszimmer.

«Mich leider Einiges! Die Umstände sind peinlich genug für den Staatspräsidenten von Brasilien!», klagte Federico Richter kleinlaut und rang die Hände.

«Dann erkläre es mir deutlich – und hocke da nicht herum wie ein Jammerlappen!»

Der Präsident schaute an den Wänden lang, als wollte er sie um Vertraulichkeit anflehen.

«Also gut – ich schulde es dir, Liebste!» Der Präsident holte tief Luft, schob Delinda auf das Sofa der Sitzgruppe in der Mitte des Raumes, liess sich ganz dicht neben ihr auf das weiche Lederpolster fallen und suchte nach passenden Worten.

«Piss drauf! – Es war ja nur als kleine Aufmerksamkeit unter Kollegen gedacht!», flüsterte er. «Man kennt ja sonst keine Beziehungen unter Staatsmännern und weiss voneinander nur durch Indiskretionen, wie sie einem die Geheimdienste zutragen! Da meinte ich, dem armen Mohamed Ali von Rum einen Gefallen zu erweisen, damit er mir bei nächster Gelegenheit auch mal einen Stein in den Garten wirft. Wir haben da nämlich gewisse Probleme mit dem Islamischen Kalifat …»

«Wieso?»

«Für Personen islamischen Bekenntnisses ist die Einreise nach Brasilien erschwert – wie übrigens allenthalben in Lateinamerika. Schon ehe das Kalifat zur Weltmacht aufgestiegen war, wollte man damit dem Risiko einer schrankenlosen Zuwanderung von Moslems entgegenwirken. Nur solche erhalten bei uns ein zeitlich begrenztes Visum, die ihre Rückreise gebucht und bezahlt sowie eine bestimmte Summe hinterlegt haben. Das erzeugt nun mal politische Spannungen, die sich wiederum wirtschaftlich negativ auswirken.»

«Also hast du den Gross-Emir irgendwie bestochen? So etwas ist doch gang und gäbe, kein Grund zur Aufregung. Der Mann ist tot!»

«Wenn es so einfach wäre! Aber als ich zufällig erfahren hatte, dass er schwul war, habe ich gleich ein paar hübsche Bengel aus einer Farvela von Rio herausgepickt und im Dreierpack nach Brüssel geschickt. Einfach so!»

«Und jetzt hast du Angst, dass ihn deine Strichjungen auf dem Gewissen haben – lustvoll umgebracht?»

Delinda konnte nicht reizvoller sein als in einem solchen Augenblick. Doch Federico Richter stand im Augenblick der Sinn nach allem anderen als Erotik.

«Noch haben unsere Agenten nichts über die Todesursache herausbekommen. Aber ich muss aufpassen und mir für alle Fälle etwas einfallen lassen.»

«Du weisst einfach von nichts und hüllst dich in beleidigtes Schweigen, wenn man dich bezichtigt.»

«Die Jungen würden auspacken, um ihre Haut zu retten oder spätestens unter der Folter nachweisbare Einzelheiten preisgeben. Wie peinlich!»

«Jetzt halte erst einmal bei Papa per Hologramm um meine Hand an, damit er beruhigt seinen Frack ablegen kann und du desgleichen. Für deinen Flug nach Irece ist es heute eh zu spät und ich bin ja hier. Wir legen den Termin für die Hochzeit fest und alles, was dabei zu beachten ist. Das lenkt ab. Im Notfall kommt uns schnell eine rettende Idee. Verlasse dich einfach darauf! Und nun zeige wieder ein fröhliches Gesicht!»

* * *

Viele rätselten über die noch immer nicht geklärten Umstände, unter denen der Gross-Emir Mohamed Ali in Brüssel umgekommen war. Der Todesfall und seine möglichen Folgen beschäftigten auch Hans Werner Schultes im niedersächsischen Wolfsburg wie Martin Jost in Luzern. Um Klarheit zu gewinnen, waren sie daher übereingekommen, gemeinsam dem Minister Lutfi Effendi in Istanbul persönlich ihre Aufwartung zu machen.

Über Nacht im Schlafwagen der Premium-Klasse aus Wien eingetroffen, entstiegen sie an einem kühlen Morgen im späten November gut ausgeruht unter dem pompösen Kuppeldach des hypermodernen Sirkeci-Bahnhofs am Goldenen Horn dem Trans-Balkan-Rapid. Den Befindlichkeiten des Ministers glaubten sie gerecht geworden zu sein. Der deutsche Manager hatte für die Bereitstellung einer nagelneuen Karosse der Luxusklasse aus dem Sortiment seines Automobilkonzerns gesorgt. Zugangskarte nebst Pincode gedachte er gleich bei der Begrüssung dem Minister diskret zu überreichen. Der Schweizer sah dessen Wohlwollen seinerseits voll Zuversicht entgegen, konnte er doch wieder einmal mit einer angenehmen Überraschung aufwarten.

Wie vereinbart, erwartete Lutfi – dem eleganten Äusseren nach wie einem Mailänder Modejournal für stilbewusste Senioren entsprungen – seine Besucher nicht in seinem Ministerium, sondern einem verschwiegenen Kaffeegarten weit ausserhalb der Millionenmetropole, am Ufer des Bosporus. Er begrüsste sie mit westlichem Handschlag.

«Die üblichen orientalischen Höflichkeitsfloskeln dürfen wir uns wohl diesmal schenken», schlug er in akzentfreiem Englisch vor. «Dort drüben unter dem Zeltdach sitzt man selbst zu dieser Jahreszeit auf gewärmten Kissen, ist vor Lauschern sicher und hat zugleich einen freien Blick auf die Meerenge!»

Sie machten es sich bequem an dem molligen Plätzchen, wo der Wirt türkische Köstlichkeiten bereitgestellt hatte und den sämigen Kaffee in winzigen Bechern ausschenkte. Kaum war er ausser Hörweite, räusperte sich Lutfi Effendi erwartungsvoll.

«Sie wünschten, gleich zur Sache zu kommen, Exzellenz», ergriff Martin Jost das Wort. «Sehr wohl. Ich erhielt vor wenigen Tagen den unerwarteten Videoanruf einer schönen Frau aus Brasilien. Die bezaubernde junge Dame hatte mehrere Jahre in meinem – hm – Schweizer Umfeld gelebt und dann beschlossen, in ihre Heimat zurückzukehren. Tochter eines Gutsbesitzers in Bahia, ist sie neuerdings mit dem brasilianischen Staatspräsidenten Federico Richter verlobt. Sie meldete sich aus seinem Amtssitz in Brasilia. Ihr Anliegen überraschte mich. Es hängt mit dem Tod des Gouverneurs von Rum zusammen. Dessen Nachfolge liegt in Ihren Händen und macht eine Inspektionsreise notwendig. Zu deren Vorbereitung zogen Sie unseren gemeinsamen Freund Schultes hinzu. Deswegen bat ich ihn, mitzukommen.»

Ohne eine gewisse Anspannung zu verbergen, hatte Lutfi mit höflicher Aufmerksamkeit zugehört.

«Unter uns hier Anwesenden ist es also kein Geheimnis», griff er den Faden auf, «dass die baldige Ablösung des Gross-Emirs von Rum in allen Ehren beschlossene Sache war und der Termin auf April nächsten Jahres festgesetzt wurde, zum Ende unseres Haushaltsjahres vor Beginn des Ramadan. Ebenso wurde bereits die Wahl seines Nachfolgers nach pragmatischen Kriterien eingeleitet, die der Ministerrat des Islamischen Kalifats zuvor vereinbart hatte. Mir war die Aufgabe übertragen worden, im zeitigen Frühjahr mit dem dann erwählten Nachfolger eine Inspektionsreise durch das Emirat zu machen, wobei Herr Schultes so liebenswürdig war, uns seine Unterstützung bei der Planung zu gewähren.»

Er hielt einen Augenblick inne, schlürfte seinen Kaffee, setzte die Tasse ab und fügte de Hände zu einem Steildach.

«Die näheren Umstände des Ablebens von Scheich Mohamed Ali sind nur einem sehr kleinen Kreis von Amtsträgern des Kalifats bekannt. Sie werden unter Verschluss gehalten», stellte er mit neutral gehaltenem Tonfall fest. «Dem offiziellem Untersuchungsbericht zufolge, der in Kürze veröffentlicht wird, hat sich der Gross-Emir von Rum das Leben genommen, ohne eine Erklärung hinterlassen zu haben. Wir gehen davon aus, dass er durch eine uns unbekannte Quelle über seine bevorstehende Abberufung unter falschen Vorzeichen unterrichtet wurde und diese nicht verwinden konnte.»

Lutfi Effendi zog die Brauen zusammen, entfaltete seine Hände und presste sie an die Brust – offensichtlich bemüht, sein Lauern zu vertuschen. «Könnte der Ihnen aus Brasilien gegebene Wink etwa zu einer anderen Lesart führen, sehr verehrter Herr Jost?»

«Senhora Malt de Maturo, wie der Name meiner bereits erwähnten Freundin aus Brasilien lautet, wusste um meine guten Beziehungen zu Ihrer Regierung, Exzellenz. Deshalb bat sie mich im Namen ihres zukünftigen Ehemannes, des Präsidenten, um vertrauliche Intervention. Aus diesem Grund bin ich hier!»

«Dann schiessen Sie bitte los! Sie haben mein Ehrenwort, dass niemand über Dinge, die Sie mir zu eröffnen haben, zu Schaden kommen soll!»

«Die Aussetzung diplomatischer Beziehungen zwischen den Mächten dieser Erde hinterliess gewisse Lücken. Elektronische Transparenz vermag zwar zwischenstaatliche Schwachstellen auszuloten, mehr aber auch nicht. Sie, Exzellenz, wissen auf Grund Ihrer internationalen Erfahrungen, worauf ich hinaus will – jene kleinen Aufmerksamkeiten, die gern auch mal grössere sein können, mit deren Hilfe die eine oder andere Verstimmung ganz verschwiegen aus dem Weg geräumt wird. Gab es früher einen Wink des akkreditierten Botschafters oder Gesandten im Hinblick auf persönliche Liebhabereien von Machthabern, sind diese untereinander jetzt eher auf deren eigenes Fingerspitzengefühl angewiesen. Doch nennen wir das Kind beim Namen! Brasiliens restriktive Einreisepolitik zu Lasten von Moslems sorgte in Brüssel für Unwillen. Die Indiskretion, der Gross-Emir von Rum ziehe dem weiblichen Geschlecht insgeheim die erotischen Dienste junger Burschen vor, kam dem Präsidenten Richter da wie gerufen. Flugs sammelte er ein paar in diesem Gewerbe besonders geschickte Strichjungen auf und machte sie Mohamed Ali zum Geschenk, welches dieser keinesfalls empört zurückwies. Dagegen versiegte plötzlich die Flut der Anträge islamischer Staatsbürger von Rum auf unbeschränkte Einreise nach Brasilien!»

Martin hielt inne, nahm seinen nicht mehr ganz heissen Kaffee und spülte die bittere Brühe mit kaltem Wasser hinunter. Ein kurzer Blick über den Rand des Glases auf Lutfis Gesichtsausdruck bestätigte ihm, dass seine deutlichen Worte ihr Ziel nicht verfehlt hatten.

«In der taktvollen Bestandsaufnahme heikler Angelegenheiten sind Sie wahrhaftig ein Meister, Herr Doktor Jost!», erkannte der Türke auch gleich an. «Machen wir also Nägel mit Köpfen! Falls Senhor Federico Richter bereit ist, hinfort bei den Visumsanträgen unserer Staatsbürger auf die Angabe der Religionszugehörigkeit schlicht und einfach zu verzichten, würde das Islamische Kalifat jene drei brasilianischen Staatsbürger ungeschoren ausreisen lassen, die im Zusammenhang mit dem Tod des Gross-Emirs von Rum vorläufig in Gewahrsam genommen wurden. Die Regierungsgeschäfte in Brüssel kontrolliert während der Vakanz des Statthalterpostens der mir direkt unterstellte Leiter unserer Untersuchungskommission. Ich habe da also das letzte Sagen. Unsere Medien werden sich strikt an die eingangs erwähnte Sprachregelung halten. Auf die im Netz verbreiteten Vermutungen und Spekulationen haben wir leider bisher noch keinen Einfluss. Ich verlasse mich auf die Diskretion der wenigen, die vom tatsächlichen Sachverhalt unterrichtet sind. Sie beide, meine Freunde, sind sicher bereit, Ihre absolute Verschwiegenheit zu beeiden, damit ich Sie kurz einweihen kann?»

«So wahr mir Gott helfe!», kicherte Hans-Werner Schultes, wurde aber gleich wieder ernst. «Natürlich werde ich schweigen wie ein Grab!»

«Sie haben mein Wort!», bestätigte Martin Jost schlicht.

«Nun denn», rückte der Minister unverblümt mit der Wahrheit heraus. «Mohamed Ali wurde tatsächlich des Analverkehrs mit Männern überführt, aber erst vor ganz kurzer Zeit. Da trieb er es nämlich mit den schon erwähnten brasilianischen Lustknaben im Keller seines Amtssitzes, zu dem er über einen geheimen Fahrstuhl allein Zugang hatte. Ob und in welchem Masse er schon früher diesem abartigen Trieb nachging, entzieht sich unserer Kenntnis. Probleme mit der Unterbringung, Verköstigung und sonstigen Beschäftigung der Brasilianer brachte die Angelegenheit ans Licht. Der Islam verbietet Geschlechtsverkehr unter Männern als naturwidrige Unzucht. Sie steht im Kalifat unter Strafe, die in der Regel jedoch nur vollzogen wird, wenn der Täter Abhängige missbraucht hat. In besonders schwerwiegenden Fällen droht der Tod durch den Strang. Mohamed Ali hatte einen sehr hohen Posten inne. Sein

Gesetzesbruch wurde dadurch zum äusserst heiklen Politikum. Nach eingehenden Konsultationen empfahl der Sheich-ul-Islam als oberste Rechtsinstanz dem Kalifen die *seidene Schnur* für den Delinquenten.»

Lutfis umspannte mit den Fingern der Linken seine Gurgel, während er die Rechte an Daumen und Zeigerfinger über den Hinterkopf nach oben zog. Dann erläuterte er die Geste: «Sie werden sich vielleicht des historischen Vollzugs der Todesstrafe bei hohen Würdenträgern des Osmanischen Reiches erinnern. Hatte ein Grosswesir als Feldherr einen Krieg verloren oder war durch eine ähnlich schwere Verfehlung beim Sultan-Kalifen in Ungnade gefallen, machte Letzterer ihm eine aus erlesenen Materialien gefertigte Schatulle zum Geschenk. Sie enthielt eine seidene Schnur als Befehl für den Empfänger, sich damit unverzüglich selbst zu erdrosseln. Ministerrat und Ulema waren übereingekommen, diese traditionsreiche und zugleich diskrete Form der Vollstreckung im Falle des Gross-Emirs von Rum wiederzubeleben.»

Der Minister gönnte sich eine Atempause. Martin Jost, vielseitig belesen, waren sogleich entsprechende Vorkommnisse aus der frühen Neuzeit in Erinnerung gekommen. Auf den Schlachtfeldern zwischen Wien und Belgrad hatten europäische Mächte mehrfach das Vordringen des Islam nach Zentraleuropa verhindert, mit allfälligen Folgen für den jeweils unterlegenen türkischen Befehlshaber. Bei Lutfis letzten Worten fiel ihm auch noch das Schicksal eines Feldherrn unter dem deutschen Diktator Hitler ein. Jener Heerführer namens Erwin Rommel war vor erst hundert Jahren zwecks Erlangung eines Staatbegräbnisses – anstelle von unehrenhafter Hinrichtung und Sippenhaft – in den Freitod gezwungen worden. Die Schergen des finsteren Kriegsherrn hatten jedoch keine seidene Schnur zur Hand gehabt oder gemeint, eine Pistole wäre zeitgemässer.

Offenkundig tat sich Mohamed Ali schwer mit dem letalen Angebinde. Nach Aussage der Lustknaben bat er diese vergeblich, ihm bei der Anwendung zur Hand zu gehen. Schliesslich schluckte er ein wahrscheinlich für andere vorgesehenes tödliches Gift. Es hinterliess keinerlei Spuren. Auf diese Weise gelang es ihm nicht nur, sich einer grauenvollen, auch öffentlichen Strafverfolgung zu entziehen, die seine Verurteilung zum Tod durch den Strang zufolge gehabt hätte. Nein, er führte sein Umfeld auch noch posthum an der Nase herum. Da er die Seidenschnur tunlichst entsorgt hatte, dachte man an Mord. Dann aber fand sich der aufwendig gearbeitete, mit Samt ausgelegte Behälter. Irgendeinem historisch bewanderten Höfling fiel ein, wozu so etwas einst gut gewesen war. Schliesslich förderte die Durchsuchung des Kellers auch noch die Brasilianer aus ihrem Versteck hervor. Rückfragen aus Brüssel beantworteten wir mit der Entsendung einer Untersuchungskommission. Weisungsgemäss hatte sie nur den Selbstmord des Gouverneurs festzustellen, ohne Mutmassungen hinsichtlich eines Motivs. Das wäre alles und Sie, meine Freunde, sind nun Mitwisser. Ich danke Ihnen für die Zusicherung Ihrer Verschwiegenheit!» Lutfi nahm das heftige Nicken seiner Zuhörer gern zur Kenntnis und konsultierte seine goldene Rolex. «Was halten Sie von einem kleinen Imbiss im Dolmabahce Palast? Der alte Kasten hat noch immer eine ausgezeichnete Küche zu bieten!»

* * *

«Du bist länger fortgeblieben als ursprünglich vorgesehen, Martin!», stellte Lisa von Lerchenfels fast vorwurfsvoll fest. Die Abwesenheiten ihres Stiefsohnes wurden ihr zunehmend genauso zum Gräuel, wie die vielen Pillen, derer sie sich zwecks Bewahrung physischer wie psychischer Regsamkeit bedienen musste. «Hast du dir am Goldenen Horn eine neue Flamme zugelegt? Türkinnen von Stand sollen es mit Brasilianerinnen durchaus aufnehmen können – nicht nur was die Glut ihrer Augen betrifft!», fügte sie schelmisch hinzu.

Martin stellte die Teetasse ab und streichelte mit der frei gewordenen Hand die knöchernen Finger der alten Dame.

«Mitnichten, Mami! Nach der Erfahrung mit Delinda bin ich da vorsichtig geworden», beruhigte er sie. «Abgesehen von der Wahrnehmung, dass Türkinnen von Stand doch sehr viel zurückhaltender aufzutreten pflegen als Gutsbesitzertöchter aus Bahia. Schliesslich sind sie auch immer noch Mosleminnen, wenn auch ohne Schleier – wenigstens in Istanbul. Nein, ich wollte ein wenig vergleichen.»

«Was genau?»

«Weniger das Verhalten von Exotinnen der Extraklasse gegenüber Schweizern mittleren Alters», schmunzelte Martin, «als vielmehr die Einstellung der türkischen Elite zu Gegenwart und Zukunft – politisch, technisch, ethnisch. Meiner Überzeugung nach ticken sie nicht anders als wir, wenn sie ihre Gedanken manchmal auch komisch zum Ausdruck bringen.»

«Wer nicht auf seine Weise denkt, denkt überhaupt nicht!», warf Lisa ein, vom Thema nicht sonderlich begeistert.

Martin nahm es nicht zur Kenntnis. Als Berater von Politikern und Konzernlenkern war er mit der Auflistung jüngster

Wahrnehmungen ganz in seinem Element. «Politisch gab es in der Welt noch nie so wenig Konfliktstoff wie heutzutage. Von solchen kleinen Aufregungen abgesehen, derentwegen Hans Werner Schultes und ich überhaupt nach Istanbul gefahren sind.»

«Und?» Lisa war plötzlich die Aufmerksamkeit in Person. «Wer hat diesen hochgekommenen Nachfahren des vorbestraften Karl May umgebracht?»

«Niemand, Mami! Lassen wir es dabei. Ich gab mein Ehrenwort, zu schweigen!»

«Aber doch nicht vor mir, deiner Mutter», begehrte sie auf. «Deinem Alter Ego, wenn es um die Wahrung von Geheimnissen geht! Er ist doch hoffentlich tot, dieser niederträchtige Mensch mit seinem Hass auf uns Adlige!»

«Ja, Mami – sei beruhigt, er ist mausetot. Gebe dich damit zufrieden und höre, was ich an Wissenswertem in Erfahrung brachte!»

Lisa nahm einen Schluck Tee und ergab sich in ihr Schicksal.

* * *

Weihnachten stand vor der Tür. Gaben offizielle Feiertage hier der einen, dort der anderen Jahreszeit ihre besondere Prägung, standen rund um den 25. Dezember weltweit die meisten Räder still, gerieten Menschen und Kontinente übergreifend gleichermassen in Festtagslaune. Unabhängig von Tradition und Glauben hatte sich – zumindest als kommerziell gelenkte Grosskundgebung – *X-mas* längst in das Bewusstsein nahezu aller Erdenbürger eingegraben. Dem trug auch das Kalifat Rechnung, schon mit Rücksicht auf mehrheitliche Befindlichkeiten im Gross-Emirat Rum. Man griff einfach zurück auf das vorchristliche nordische Fest der Sonnenwende. Kamen nicht um diese Zeit selbst im Nahen Osten die Natur und das Tageslicht langsam wieder in Schwung? Auch für Moslems Grund genug zum Feiern! Christen durften am Abend des 24. Dezembers der vermeintlichen Geburt ihres Heilands unbehelligt in der Kirche gedenken. Solange derlei Andersgläubige ihrem Brauchtum ohne lautes Gepränge nachgingen, legte ihnen die islamische Obrigkeit keine Steine in den Weg.

Für Lisa von Lerchenfels war der Gedanke schmerzlich, Heiligabend erstmals ohne ihren Gustav zu verbringen. Martin schlug ihr deshalb vor, der ehedem immer wieder ausgeschlagenen Einladung ihrer Familie in die alte Heimat zu folgen. Dem kam sie nach. Ihr zu Ehren sollte nun sogar der traditionelle Gänsebraten im Speisesaal eben jenes Schlosses aufgetragen werden, dessen privater Kapelle fast ein Jahrhundert zuvor Schauplatz ihrer Taufe gewesen war. An den verschiedenen Stationen der Reise – auch in Rum – erstklassig betreut, reiste sie mit der Bahn nach Lerchenfels. Das jenseits der Elbe gelegene, teutonische Gemeinwesen hatte im Mittelalter ihren ritterlichen Vorfahren den Namen gegeben – oder umgekehrt.

Einsam und allein blieb Martin in Luzern zurück. Er hatte für die abtrünnige Delinda Malt noch keinen Ersatz gefunden. Schon deshalb fehlte sie ihm doch sehr. Ersatzweise entsann er sich der erst kürzlich wieder aufgelebten Beziehung zu Vetter Ferdinand Herzog. Ihm schlug er vor, die stille Nacht gemeinsam am Vierwaldstätter See zu verbringen. Nur zu gern folgte der siebzigjährige Rentner und ehemalige Berner Geheimdienstler Martins Vorschlag zum gemeinsamen Nachtessen im Palace Hotel, das über Luzern hinaus als besonders stilvoll galt. Für die Übernachtung im gleichen Haus gewährte die Direktion dem Gast des Stammkunden einen grosszügigen Nachlass. Des Weiteren erwartete die Herren im festlich geschmückten Speisesaal eine ruhige, den Klängen des Pianos abgewandte Nische.

* * *

Während Martin zu Begrüssung, Austausch von Artigkeiten und Aperó für Champagner optierte, zog Ferdinand einen schottischen Whisky vor. Wie gewohnt einen Single Malt, ohne Eis, mit nur wenig klarem Wasser.

Das vom Küchenchef vorgeschlagene Weihnachtsmenu sagte beiden zu, wodurch ihr Gespräch rasch an Fahrt gewann.

Martin leitete es mit dem Fazit seiner Erkenntnisse von Istanbul ein. Im Gegensatz zu Lisa begriff Ferdinand sofort, was es auf sich hatte mit dem Sensationellen.

«Endlich!», brachte er, des Umfelds wegen mit verhaltener Stimme, hervor, «hat man nach immerhin 1400 Jahren nun doch begriffen, dass dem rechtschaffenen Kalifen Osman dazumal der Fehler unterlaufen war, die gesammelten Offenbarungen des Propheten nicht ihrer Bedeutung, sondern schlicht der Länge nach als Suren in den Koran einzuordnen! In Mekka hat Mohammed Moral gepredigt – Vernunft, Disziplin, Enthaltsamkeit, gesellschaftliches Wohlverhalten in religiösem Gewand. Das hatte Bestand. Später, zu Medina, war er zum Herrscher aufgestiegen. Was er als solcher im Namen seines Gottes Allah verkündete, waren politische, häufig militante Aufrufe. Sie dienten dem Zweck, seine neue Religion als einzig gültige Weltordnung zu verbreiten, von Aussagen zu mehr oder weniger alltäglichen Vorkommnissen ganz zu schweigen. Die jetzige Reform war bitter nötig!»

«Wie so manche andere, die wir – unter uns – dem Kalifat zu verdanken haben!», gab Martin zurück. «Denke doch nur an den ganzen Blödsinn, dem unsere Grossväter noch zum Opfer fielen! Die meisten Politiker und Medien ergingen sich in sogenannter Political Correctness, falsch verstandener Toleranz, überzogenen Menschenrechten! Da taten selbst wir pragmatische Schweizer uns schwer, dem Beispiel des Kalifats zu folgen. Dessen türkische Schlauköpfe waren eben nicht mit dem Ballast beschwert, den verschrobene Spinner uns Abendländern aufs Auge gedrückt hatten – von Karl Marx bis zu den späten Sozialisten und Grünen des ausgehenden 20. Jahrhunderts! Und darauf einen Schluck Sancere, lieber Ferdi!»

Sie liessen ihre Weingläser aneinander klingen, wie sich dies nun mal schickte unter echten Schweizern.

Gerade erst der leckeren Vorspeise aus heimischen Gewässern Lob gezollt, hatte man schon übereinstimmend den Zustand dieser Welt des Jahres 2050 analysiert! Waren die wichtigsten Staaten als Weltmächte unterschiedlicher Provenienz gegenwärtig, zählten an ihren Rändern kleinere zum jeweiligen Klientel oder führten in Lateinamerika als links-populistische Diktaturen ein festgefahrenes Eigenleben, wiesen sie dennoch gewisse Gemeinsamkeiten auf. Man durfte sich nicht nur einer globalen Freizügigkeit im privaten Reiseverkehr erfreuen. Auch der internationale Warenaustausch funktionierte weltweit nach den Regeln unbehinderten Marktzugangs – wenn auch mehr schlecht als recht, weil von keiner Regierung nachhaltig gefördert. Bar amtlicher Zensur hatten Notenbanken mit der Abschaffung des Papiergeldes jegliche Einflussnahme auf die Kurse von Landeswährungen einstellen müssen, was – wer hätte es früher einmal geglaubt – langfristig stabile Wechselkurse zur Folge gehabt hatte! Nein, mit der Zugehörigkeit zur UNO, dieser überflüssigen Quatschbude, hatte das natürlich nichts zu tun! Man lebte schliesslich im Zeitalter der Vernunft, das zwar schon vor gut 300 Jahren eingeläutet worden, aber bis vor Kurzem nicht besonders segensreich dahergekommen war! Blödsinniger Ideologien wegen, für die sich vor allem im vorigen Jahrhundert ganze Nationen die Nasen blutig geschlagen hatten – trotz globaler Völkergemeinschaft!

«Das Steak ist saftig und zart wie Butter!», befand Ferdinand, den ersten fleischigen Bissen zwischen den Zähnen. «Vom ganzjährig grasenden argentinischen Rind – wie könnte es anders sein!»

«So sagt das Menu!», bestätigte Martin. «Die ganze Mahlzeit mundet köstlich!»

Für eine kleine Weile blieb hinter den Lippen kein Platz für weitere Worte.

Endlich, die Hauptspeise vertilgt und dem von Martin mit Kennerblick ausgewählten Rotwein wacker zugesprochen, kam die Unterhaltung wieder in Gang.

«Kein Wunder», nahm Ferdinand den fallengelassenen Gesprächsfaden auf, während Martin noch seine Serviette zum Mund führte, «dass unsere Väter noch schwarz in die Zukunft sahen, manche Mitbürger dem Gerede vom baldigen Ende der Menschheit Glauben schenkten und selbst wir die demografische Katastrophe kommen sahen! Das menschliche Gehirn ist seit Urzeiten im Besonderen darauf trainiert, überall lauernde Gefahren zu erkennen. Diese anders abzuwenden als den Kopf in den Sand zu stecken, blieb im Lauf der Evolution ein wenig im Argen!»

Martin faltete sorgsam sein Mundtuch und nickte.

«Papa bildete da eine Ausnahme. Er lauschte nicht den Fensterreden damaliger Politiker, sondern sann nach, wie den Problemen seiner Zeit beizukommen war. Er erkannte den Nahostkonflikt als gefährlichsten Zündstoff und entdeckte einen Weg, ihn aus der Welt zu schaffen.»

«Ganz recht! Ihm allein gebührt der Lorbeer!», zollte der Sohn von Gustav Josts Schwester dem Onkel Anerkennung, zog sein Gesicht in schwer deutbare Falten, holte tief Luft und beugte sich zu Martin weit über den Tisch.

«Ich habe ihm damals nach Kräften zugearbeitet!», raunte er. «Unter der Bedingung absoluter Verschwiegenheit. Nicht einmal die engste Familie durfte davon Kenntnis bekommen – sonst wäre ich meines Amtes verlustig geworden. Jetzt kann ich es dir ja sagen und deine liebe Einladung heute Abend als späte Anerkennung dessen betrachten, was Gustav niemals artikulieren durfte! Um weder meine Vorgesetzen in Ungelegenheiten noch mich selbst um meinen Job zu bringen, mimte ich nach Aussen den verbeamteten Familientrottel. Man gewöhnt sich mit der Zeit daran!»

Martin winkte dem Kellner, nachzuschenken und stiess dann nochmals feierlich mit seinem Gegenüber an. «Danke, Ferdi!»

Die Züge des pensionierten eidgenössischen Geheimdienstlers entspannten sich.

«Selbst Lisa wurde im Dunkeln gelassen, was mich und mein Wirken für Gustav betraf!», fügte er leichthin an. «Darum blieb ich in ihren Augen bis heute wohl der schlappe Bürohengst im Stall von Vater Staat. Vielleicht solltest du sie gelegentlich aufklären!»

«Das werde ich mit Vergnügen besorgen, Ferdili! Sie hat ja den ihr vom Zeitgeist anerzogenen Argwohn gegenüber den Moslems nicht ganz überwunden, wie sie andererseits auch ein wenig Gutmensch geblieben ist. Bei allem Bemühen, nur nicht hinter der Gegenwart herzuhinken, kommt sie bei manchem Neuen kaum mit – vor allem, wenn es technisch wird!»

«Kein Wunder, mit 92!», billigte Ferdinand der Abwesenden zu, während ihm ein Becher mit Gefrorenem vorgesetzt wurde. «Natur und Technik! Um ehrlich zu sein, habe ich viel davon bis heute nicht gelöffelt.»

«Wie dieses Wunderwerk von Sorbet», grinste Martin. «Goutieren wir die Eiscreme, ehe sie zu Wasser wird. Dann ist noch immer Zeit für ein Bekenntnis unserer einschlägigen Wissenslücken! Im Zweifel liegen sie dicht beieinander!»

Über einer zweiten Flasche Rotwein und ein wenig Käse waren sie sich rasch einig geworden, wo es beiderseits haperte. Wie war es zum Beispiel aktuell um Energiequellen und ihre Nutzung bestellt – in der Schweiz und anderswo? Sie sahen sich ein wenig ratlos an.

Ferdinand erinnerte sich noch dunkel, wie Anfang des Jahrhunderts Politik und Medien ihrer Kundschaft mit angeblich unüberschaubaren Risiken der Atomkraft Angst und Schrecken eingejagt hatten. Da hatten wohl in Japan Wirbelstürme und Überschwemmungen eine Katastrophe ausgelöst, die viele Menschenleben kostete. Auch ein Atomkraftwerk war von den Naturkräften beschädigt worden. Sofort griff Hysterie um sich, die erst ganz allmählich der Erkenntnis wich, dass niemand wegen etwa ausgetretener Strahlung zu Schaden gekommen war. Davon hatte Martin von seinem Vater gehört, der über das als Atomausstieg plakatierte Trachten auch vieler Schweizer Meinungsmacher den Kopf zu schütteln pflegte.

Als dann das Kalifat die Macht in Rum übernommen und sich seiner grünen Steigbügelhalter entledigt hatte, tönte es wieder anders – pragmatischer. Bald war die Rede von einer Kombination aus Kernfusion, Sonnenkraft und erneuerbaren Energien, die auch dem Schweizer Strombedarf gerecht wurden – neben den stets effizienten Wasserkraftwerken. Damit war für Ferdinand das leidige Thema Atomausstieg erledigt gewesen, mit dem politisch grün gestrickte Lehrer ihre Schülerschaft um die Jahrtausendwende zu traktieren beliebten.

Der zwanzig Jahre jüngere Martin hatte dann um 2017 von einem unpolitischen Naturwissenschaftler auf dem Gymnasium gelernt, dass an Stelle von Atommeilern demnächst Fusionsreaktoren zum Einsatz gelangen würden. Diese seien umweltfreundlich zu betreiben und liessen kaum Abfall entstehen. Die Gefahr einer Kernschmelze wäre abgewendet. Eine gute Nachricht, aber für den Maturanten Martin Jost nicht ohne Weiteres nachvollziehbar. Die Lehre von Physik und Chemie war nun mal nicht so sein Ding gewesen.

«Asche auf mein Haupt, Vetter Ferdinand! Davon weiss heute jedes Kind mehr als ich!», gab er zu. «Meines beklagenswert dürftigen Wissens nach wird unser elektrischer Strom in Luzern noch immer mit Wasserkraft erzeugt und teurer geworden ist er auch nicht. Liegt vielleicht daran, dass es genug andere Energieträger gibt, Geothermik tief im Inneren der Erde, die Sonne am Firmament! Da war doch sogar die Rede von Afrika als grösstem Exporteur von billiger Elektrizität!»

«Die Chinesen arbeiten schon lange daran, auf dem schwarzen Kontinent die Sonne anzuzapfen», wusste Ferdinand beizutragen. «Nach unseren Informationen hintertreibt ausgerechnet Istanbul insgeheim die Projekte nach Kräften. Türken und Arabern passen dank gelber Hilfe betuchte Eingeborene schwerlich in ihr Bild von Schwarzafrika! Aber den Aufstand in der Sahara proben und selbst dort aktiv werden möchten sie offenbar auch nicht. Da vagabundieren wohl noch zu viele undurchsichtige Zeitgenossen in der Wüste herum, Tuareg und Nachkommen militanter Islamisten, die schon früher dort ihr Unwesen trieben. Genaueres war nicht zu erfahren. Es ist eben nicht immer leicht, denen vom Kalifat in die Karten zu schauen. Auch bei der Verkehrspolitik. Zu hohe Kosten bei der Verflüssigung moderner Energieträger dienen doch auch nur als Vorwand, die Luftfahrt abzuschaffen! In der RASU fliegst du weiterhin ziemlich preiswert von Auckland nach Edinburgh – ohne König Georgs finanzielle Unterstützung! Auch die Brasilianer kommt es wohl nicht zu teuer, mit ihren privaten Fliegern herumzugondeln! Nun denn – zum Glück haben wir mit dem Verzicht in der Schweiz kein Problem mehr!»

«So ist es, das weite Feld von Natur und Technik! Überlassen wir es ruhig anderen!», besiegelte Martin den Dialog mit einem Blick auf die Uhr. «Nimmst du auch einen doppelten Espresso? Hast du Lust auf einen Obstler oder darf es doch lieber wieder ein Whisky sein?»

Ferdinand entschied sich gegen Kaffee und Klaren, aber für den doppelten Malt – mit ganz wenig klarem Wasser, bitte!

* * *

Immer am Puls des Verbrauchers mit höchsten Ansprüchen, bot das Palace Hotel ein ausgefallenes Nachtmahl mit gediegenem Unterhaltungsprogramm auch wieder zu Sylvester an. Mangels einer jüngeren Gespielin, von der auch über die ersten Stunden des neuen Jahres hinaus lustvolle Gesellschaft zu erwarten gewesen wäre, hätte Martin Jost gern seine Stiefmutter zu dieser Lustbarkeit eingeladen Doch Lisa von Lerchenfels stand nicht der Sinn nach munterem Treiben.

«Wenn dir nichts Besseres über den Weg läuft, mein Junge», lockte sie ihn, «kannst du dich immer zu deiner alten Mutter gesellen, die ganz bestimmt noch ein paar kleine Schweinereien für unser leibliches Wohl vorzuhalten vermag! Das Feuerwerk des Palace um Mitternacht können wir auch von hier aus sehen – weniger Krach kostenlos inbegriffen!»

In den verbliebenen Tagen des Jahres schien sich kein erotisches Wunder zu ereignen und so fand sich Martin am Abend des 31. Dezember 2050 in der Seniorenresidenz ein – mit Schlips und Kragen gekleidet wie vor vierzig Jahren üblich und einem grossen Strauss von Lisas Lieblingsblumen, weissen Lilien.

Die alte Dame hatte nicht zu viel versprochen. Das getreu dem Anlass dekorierte, auf einer Magnetschiene lautlos über

Aufzug und Korridore herbeirollende Tischlein-Deck-Dich brachte auf Knopfdruck in Eis gebetteten Weisswein, dazu liebevoll angerichtete Köstlichkeiten wie Kaviar, Hummersalat, Gänseleber. Nachdem Gläser und Geschirr wie von Geisterhand abgeräumt waren, folgten kleine Rinderfilets mit ausgesuchten Beilagen. dazu dekantierter Rotwein von hoher Qualität. Zum Abschluss bot der Roboter Käse, Obst und Süsses an.

Wie nicht anders zu erwarten, rotierte die Unterhaltung um Erinnerungen, in denen Gustav Jost den Ehrenplatz einnahm. Nachdem die Reste des Mahls mit Ausnahme des Rotweins entsorgt worden waren, hätte Lisa gern etwas angesprochen, was ihr auf der Seele brannte. Aber sie genierte sich und suchte nach einer unverfänglichen Überleitung.

«Die Elmers aus Neuseeland lassen dich grüssen!», fiel ihr dazu ein. «Auf dem Hologramm – oder wie immer man dieses digitale Teufelsding nennt – sass Maria doch fast körperlich neben mir auf dem Sofa! Ach ja, dann tauchte auch noch Julian hinter seiner Mutter auf. Deine Verflossene hätte sich an ihn heran gemacht, lässt der Naseweis dir ausrichten, er habe ihr aber eine Abfuhr erteilt!»

«Dieser Flegel mit seiner schmutzigen Phantasie!», empörte sich Martin. «Von derlei Dümmlingen liesse Delinda sich nicht mal die Schuhe küssen! Meiner Ex machte übrigens – wie man von dort hört – ein gewisser Federico Richter gerade einen Heiratsantrag: kein Geringerer als der brasilianische Staatspräsident! Damit steigt SIE», fügte er in einem Ton hinzu, dem neben einer gehörigen Portion gekränkter Eitelkeit auch eine Spur von Stolz zu entnehmen war, «vom Status einer vorübergehenden Lebensabschnittsbegleiterin des unbedeutenden

Herrn Jost aus Luzern immerhin zur First Lady von Brasilien auf!»

Mit massgeschneiderter Grimasse genehmigte er sich den letzten Schluck Rotwein aus seinem Glas und sah Lisa fragend an, ehe er sich nachschenkte.

«Nein, mein Lieber», wehrte sie ab. «Ich möchte nichts mehr trinken, habe aber etwas auf dem Herzen, was ich vor Jahresende gern noch bei dir loswürde. Darf ich?»

«Natürlich, Mami! Wir haben noch mehr als eine ganze Stunde bis Mitternacht. Wo drückt dich der Schuh?»

«Beim Gedanken an mein nicht mehr fernes Ableben! Ich denke jetzt häufig über die Endlichkeit des Daseins nach. Unsereins wird ja immer älter. Nicht allein sowas wie die Stammzellenforschung oder Organtransplantationen treiben das voran. Wir leben auch gesünder, führen keine Kriege mehr, werden seltener umgebracht. Seit dem Aussterben der Grünen fürchtet sich niemand mehr vor genetisch veränderten Lebensmitteln. Folglich muss heutzutage keiner Hungers sterben. Wo soll das hinführen? Ist ewiges Leben überhaupt wünschenswert? Für meinen Teil bezweifle ich das!»

Martin spürte auf der Stelle Ernüchterung.

«Worauf willst du hinaus, Mami? Bist du unter die Philosophen gegangen oder ist dir die Lust am Leben abhanden gekommen? Letzteres würde ich nicht gelten lassen! Wenn es dir jedoch nur um eine theoretische Erörterung von *Longevity* geht, lasse ich mich hier und heute gern darauf ein!»

«Zunächst ja!», zögerte Lisa. In Wahrheit ging es ihr sehr wohl um das eigene Sterben. Einige Zeit schon spielte sie mit dem Gedanken, ihrem Leben geräuschlos ein Ende zu setzen.

Sollte sie es ihm vorenthalten – dem einzigen Menschen, der ihr geblieben war?

«Kein schlechtes Thema zum Jahresende!», kam ihr der Intellektuelle in Martin entgegen. «Welche Gemeinschaft von Lebewesen käme ohne den Tod als Regulator zurecht? Alte Artgenossen werden der Herde zur Belastung. Von ihrem Hinscheiden profitieren die Jungen. Das war so und wird sich nicht ändern. Wir Menschen sind auch nicht anderes als sonstige Herdentiere! Nur keine Angst – der alte Traum vom Sieg der Medizin über Krankheit und Tod wird nie wahr werden. Die feindlichen Erreger sind schlau genug, jeder ärztlichen Kunst eine lange Nase zu zeigen, Bakterien und Viren sind Weltmeister der Anpassung! Kein Organismus kann sich ewig regenerieren! Nein, wir mögen länger leben, doch am Ende entkommen wir unserem Schicksal nicht, ob nun in den Neunzigern oder erst über Hundert! Wenn es soweit ist, den Löffel wegzulegen, funktionieren moderne Systeme. Sie machen das Sterben zum stimmungsvollen Waldspaziergang! Haben wir es nicht gerade bei Vater erlebt?»

Lisa hatte nach Gustavs Tod erwogen, demnächst EXIT in Anspruch zu nehmen, die Sterbehilfeorganisation in Zürich. In ihrem Alter war es ihr unbenommen, den Zeitpunkt auch ohne Nachweis einer schweren Erkrankung zu bestimmen. Sie rang mit sich, Martins philosophischen Einlassungen einfach zuzustimmen oder ihm doch wenigstens anzudeuten, was sie vorhatte – das kommende Jahr keinesfalls zu überleben.

In diesem Augenblick meldete sich das Smartphone in seiner Rocktasche. Es war – dem Anrufer erkenntlich – auf eingeschränkte Empfangsbereitschaft gestellt.

Martin sah Lisa fragend an.

«Nur zu!», ermunterte sie ihn. Die Ablenkung kam ihr gelegen.

Martin zog das Gerät hervor.

«Delinda!»

* * *

Die zukünftige Ehefrau des Staatspräsidenten von Brasilien war sich ihrer Sache von Tag zu Tag unsicherer geworden. Nun ja, ohne erhebliche Mühe hatte sie ihren Willen bei Federico Richter durchgesetzt, beim ehrenwerten Dom Serafino Maturo y Aurujo in Irece virtuell um ihre Hand anzuhalten. Der Antrag des Präsidenten, Delinda heimführen zu dürfen, war von ihrem Vater mit unverhohlener Genugtuung aufgenommen worden. Allerdings hatte er den Staatschef – bei aller Freude über die hochrangige Verbindung – höflich wissen lassen, dass die letzte Entscheidung zum Jawort bei seiner Tochter läge. Man lebte in Brasilien ja nicht mehr in einer Feudalgesellschaft, wo nur das Familienoberhaupt zu bestimmen hätte, wer wen ehelichte und warum – selbst wenn es sich beim Werber um den Vater der Nation handelte!

Von dieser rein formellen Einschränkung abgesehen, hatte sich Serafino Maturo bemüssigt gesehen, umgehend in die Hauptstadt zu kommen. Sollte er doch mit Federico – man war bereits beim Du – in aller Diskretion dieses und jenes klären, was ein treusorgender Vater ehevertraglich festgehalten wissen wollte.

Der Bräutigam war in allen Punkten einverstanden gewesen. Einzig und allein im Hinblick auf die öffentliche Darstellung der Eheschliessung hatte er sich auf die Hinterbeine gestellt. Als Landesvater einer immer noch überwiegend proletarischen Nation nähme er natürlich eine schlichte Bäuerin zur Frau, nicht die Tochter und Erbin eines Grossgrundbesitzers. Niemand aus den Medien würde da nachhaken, solange die Sippe der Auserwählten gewisse Spielregeln einhielte. Man müsste ja nicht gleich Bier aus der Flasche trinken, doch ein volksnaher Auftritt war angesagt.

Dann kam alles anders.

Mit den herbstzeitlichen, im zentralen Brasilien frühlingshaften Wochen war in Delindas wankelmütigem Herz die Vorfreude auf den Ehestand weggeschmolzen, die Lust dahin, mit Federico Richter das Bett zu teilen. Die Aussicht, als First Lady auf Glanz und Gloria zugunsten eines dem Publikum vorgelebten Spiessertums – wie sie es ausdrückte – verzichten zu müssen, hatte ihr zusehends jeden Spass verdorben. Wie – um alles in der Welt – konnte man es in Brasilia aushalten? Die Hauptstadt war vor knapp hundert Jahren in tausend Tagen aus dem Nichts gestampft worden! Ein weltberühmter Architekt aus Europa namens Oscar Niemeyer und ein Präsident namens Kubitschek hatten sich damit ein Denkmal aus Stahlbeton setzen wollen. Doch das Betonmonster hatte sich nie, wie von den beiden erträumt, zur Boomtown gemausert, eher betrachteten die Bewohner ihre Arbeitsstätte als Strafkolonie. Hatten kleine und mittlere Beamte sich Satellitenstädte geschaffen, die mit der Zeit den monumentalen Kern umschlossen, strebten Diplomaten, hohe Ministeriale und Politiker freitags seit eh und je heim nach Rio – der einst schönsten Metropole der Welt. Erst am Montag flogen sie wieder in die von Graffiti übersäte, nach Proletariat stinkende Hauptstadt ein, wo der einsam zurückgebliebene Staatspräsident auf sie warten durfte.

Nicht nur das! Federico schwieg sich beharrlich über sein Vorleben aus, so sehr sie auch bohrte. Andere Frauen? Fehlanzeige! Seltsam genug – ein Mann in den 50ern ohne Weibergeschichten? Keine Liebschaften, geschweige denn Ehen! Da war etwas nicht stimmig!

Delinda zierte sich nicht, dunkle Quellen anzuzapfen. Gegen gutes Geld flossen ihr durch diese Kanäle allerhand Indiskretionen zu. So kam ihr die Neigung des Staatspräsidenten zu Ohren, diese oder jene Dame ebenso galant wie unaufdringlich in der Öffentlichkeit zu hofieren, sich aber rechtzeitig zurückzuziehen. Allein, wohlverstanden! Ob sich in seinen privaten Gemächern etwa männliche Wesen tummelten? Mehr als ein zweideutiges Achselzucken bekam Delinda nicht heraus. Immerhin deutete Einiges darauf hin, nicht zuletzt jene dubiose Angelegenheit mit dem Statthalter von Rum. War nicht schon der Umstand ein Indiz, dass ihre Nachforschungen ins Leere liefen?

Sie hatte wenigstens einen Trumpf im Ärmel – ihr dem Freier noch nicht erteiltes Jawort!

Der Präsident war gewiss, dass die Sache mit Unterzeichnung des Ehevertrages zwischen ihm und ihrem Vater gelaufen sei. Doch die Gültigkeit dieses Dokuments ging vom Vollzug der zivilen Trauung aus. Dieser jedoch hatte Delinda noch nicht ausdrücklich zugestimmt. Den Kater im Sack zu kaufen, kam für sie nicht in Frage! Hatte Federico sich nicht jedweder Verlockung entzogen, mit ihr zu schlafen? Enthaltsamkeit zu üben bis zur Hochzeitsnacht? Zunächst empfand sie die Zumutung als kränkend, dann einfach krank!

Die Hochzeit war auf Weihnachten angesetzt. Da musste man dem jubelnden Volk nicht extra einen Feiertag genehmigen! Sie begann, Streit über Lappalien zu suchen, gab sich zickig. Er nahm es hin. Seine Nachsicht trieb sie zur Weissglut. Sie tobte – er zog sich schweigend zurück.

Bei Tag und bei Nacht sann Delinda nach einem Ausweg. Nie im Leben wollte sie einen Brasilianer freien, schon gar nicht zu Weihnachten diesen Heuchler von einem Staatspräsidenten! Doch wie kam sie aus der Sache heraus, ohne sich immensen Schaden einzuhandeln – von ihrer Familie ganz zu schweigen? Sie musste eine Gelegenheit finden, sich beizeiten abzusetzen. Auf die Hilfe ihres Vaters konnte und durfte sie nicht rechnen.

Also fingierte sie einen Brief. Die beste Freundin lud sie darin ein, flugs nach Rio zu kommen. Sie habe gerade eine Hochzeitsrobe entdeckt – nur die kam in Frage! Federico ging ihr auf den Leim. Gemeinsam in das Sündenbabel am Atlantik fliegen, um ein Kleid zu kaufen – nie und nimmer!

Sie brach in seinem Büro einen Krach vom Zaun, der sich gewaschen hatte, buchte den nächsten Flug für sich allein nach Rio und verliess grusslos den Präsidentenpalast. «Die Senhora wird sich schon beruhigen, mit einem sündhaft teuren Fummel heimkehren und in meine Arme sinken», stöhnte er seinem Sekretär vor, der im Vorzimmer alles mitbekommen hatte und ebenso diskret wie mitfühlend in der Tür erschien.

«Sehr wohl, Exzellenz!», dienerte der Mann. «Auch steht gleich eine wichtige Sitzung an, die Sie rasch auf andere Gedanken bringen wird! Wenn Sie so gut sein wollen, dieses Blatt kurz zu überfliegen!» Er reichte seinem Chef ein Arbeitspapier. «Wie gewohnt, Senhor il Presidente, ist alles in Ihrem Sinne vorbereitet – eine milde Kritik an der Lesart des Vortragenden, die Ihnen spontan in den Sinn gekommene Alternative und das gewünschte vorzuhaltende Abstimmungsergebnis!»

Delinda hatte vorgesorgt. Ein Taxi stand bereit, sie zum Flughafen zu fahren, das Ticket für den nächsten Flug nach Rio – sie hatte gerade noch Zeit für einen Caffezino – steckte in ihrer Handtasche wie auch die ihrem Verlobten abgetrotzte Kreditkarte. Er würde sie wohl nicht sperren lassen, ehe sie sich in Copa Cabana mit dem Notwendigsten für die Reise eingedeckt hatte. Vom Feinsten, versteht sich. Noch am Abend würde sie das Land verlassen, mit einer Boeing der RASU Air direkt nach Cardiff fliegen. Die Waliser Hauptstadt hatte als Tor des Angelsächsischen Königreichs zum Gross-Emirat Rum in den letzten Jahren einen gewaltigen Aufschwung genommen. Dort in Grenznähe würde sie erst einmal eine Weile untertauchen – als schottische Mrs. Malt konnte sie sich noch ausweisen.

Am nächsten Morgen wohl geruht am Ziel gelandet, kaufte sie eine Tageszeitung, studierte die Stellenanzeigen und logierte sich in einem preiswerten Quartier der Marke Bred and Breakfeast ein. Eine Woche vor den Festtagen herrschte Hektik in Cardiff. An allen Ecken und Enden fehlte es an Hilfskräften für aussergewöhnliche Tätigkeiten, so am Stadttheater. Für die ausverkaufte Vorstellung des diesjährigen Fairy Tales wurde dringend ein Weihnachtsengel gesucht. Die fortgeschrittene Schwangerschaft der dafür vorgesehenen Schauspielschülerin erlaubte deren Einsatz nicht länger. Delinda war bereit, für eine der Zwangslage angemessene Gage einzuspringen. In ähnlichen Rollen habe sie als Laiendarstellerin am Karneval von Rio die Zuschauer begeistert, log sie und bekam die Stelle. Als Engel drapiert, schwebte sie täglich zweimal über die Bühne, erntete artigen Applaus und labte sich am freigiebig dargebotenen Weihnachtsgebäck.

Die übrige Zeit verwendete sie zur Planung ihrer Zukunft. Auf dem Spielplan des Theaters stand das Märchenspiel bis zum Jahresende. Würde sie hernach nicht als Putzfrau Arbeit finden, drohte ihr Arbeitslosigkeit ohne Anspruch auf staatliche Unterstützung. Ihre Kreditkarte war gesperrt worden.

Nach der letzten Vorstellung legte sie mit den Engelsflügeln die letzten Skrupel ab. Ihr Entschluss war gefasst. Vorzeitig verliess sie die angesagte Party im Kollegenkreis, zog sich in ihr Kämmerlein zurück, nahm das mobile Telefon zur Hand und tippte kurz entschlossen eine ihr wohlbekannte Ziffernfolge ein. Umgehend erklang in der Hörmuschel die Stimme des gewünschten Teilnehmers.

* * *

Das Smartphone am Ohr, hatte sich Martin mit einer entschuldigenden Geste in das angrenzende Schlafgemach zurückgezogen.

«Aber hör doch, meine Liebste», unterbrach er die erregte Frauenstimme am anderen Ende der Leitung, «selbstverständlich bist du mir willkommen – ja, so bald wie möglich! Deine Barschaft reicht nicht für die Fahrt bis Luzern? Macht nichts!

Nimm morgen früh den Zug nach London und – ja, gut – du hast noch deinen schottischen Pass! Als Bürgerin der RASU kannst du unbesehen nach Rum einreisen! Ja, richtig, der Feiertag zum Jahresbeginn ist im gesamten Kalifat abgeschafft worden. Auch im einstigen England herrscht morgen business as usual! Ich besorge dir das nötige Kleingeld für die Weiterreise! Kläre das gleich in der Frühe und rufe dich zurück. Prost Neujahr, mein Schatz!»

Er legte auf und sah auf die Uhr. Noch fünfzehn Minuten bis Mitternacht!

Nebenan hatte Lisa die Ansprache der abtretenden Bundespräsidentin zum Jahreswechsel eingeschaltet. Als Martin mit verlegenem Räuspern im Türrahmen erschien, wand sie den Blick vom Konterfei des Redners auf dem Bildschirm zu ihm. Wem von beiden der leicht mokante Zug um ihren Mund galt, war schwer auszumachen.

«Dank der gegenwärtigen Weltordnung haben wir ein weiteres Jahr tiefen Friedens in allen Winkeln dieser Erde hinter uns», tönte die Stimme aus den Lautsprechern. «Nicht immer entsprachen die vom Kalifat vorgegebenen und den autoritär geführten Mächten übernommenen gesellschaftlichen Normen unseren traditionellen Schweizer Werten. Gestehen wir uns jedoch ein, …»

Lisa stellte das Gerät ab. «Immer die gleichen Sprüche! Jetzt wird sie sich gleich noch darüber auslassen, wie unverhofft glücklich die Menschen in unseren islamischen Nachbarländern …»

«Lass nur, Lisa!»

Sie öffnete den Mund zu einer Widerrede, doch in diesem Augenblick rollte der Roboter mit einer Flasche Champagner herein, öffnete sie gekonnt, füllte zwei Gläser und wartete, dass man sie ihm abnahm.

«Dann sei so gut, Martin!», kapitulierte Lisa. Mit ihren bald 93 Jahren behielt sie wohl besser für sich, was sie am seelenlosen Pragmatismus der Welt von heute auszusetzen hatte. Martin griff nach den Getränken und verabschiedete den Roboter mit einem fröhlichen Prost Neujahr.

Gleich darauf begann es draussen zu krachen und zu blitzen. Die ersten Raketen zischten am Balkonfenster vorüber. Martin liess die Gläser aneinander klingen, sah der alten Dame tief in die Augen, um sie alsbald mit dem ewig gleichen Spruch auf den Lippen in die Arme zu schliessen. Doch Lisa kam seinen guten Wünschen zum Neuen Jahr zuvor:

«Auf eine glückliche Zweisamkeit mit dem reumütig in deine Arme zurückkehrenden Weiblein aus Brasilien, mein Junge! Heirate Delinda, ehe sie dir wieder davonläuft und zeuge mit ihr geschwind noch einen Erben. Ich möchte ihn auf meinem Schoss wiegen, ehe ich den Löffel weglege!» Sie leerte ihr Champagnerglas in einem Zug und lachte, bis ihr die Tränen kamen.

Epilog

Horror-Szenario oder eine Welt von morgen? Je nachdem, ob wir das Gefühl oder den Verstand bemühen, um Chancen und Risiken der nächsten Jahrzehnte abzuwägen.

Der Bauch ist eher skeptisch. Mehrere Generationen haben gerade die längste, ununterbrochene Friedenszeit der Geschichte erleben dürfen – von regionalen Kämpfen abgesehen, die indes nicht geeignet waren, noch einmal einen internationalen Flächenbrand auszulösen wie die zwei verheerenden in der ersten Hälfte des vorigen Jahrhunderts. Die Konfrontation der Westmächte und des Ostblocks kam mit dem Zusammenbruch des Letzteren zum Erliegen. War es nicht lediglich Zufällen zu verdanken gewesen, dass sich bis dahin weder USA noch UdSSR gezwungen sahen, gegeneinander die Waffen zu erheben? Oder gar die Angst vor einer atomaren Katastrophe, der Angreifer wie Verteidiger gleichermassen zum Opfer gefallen wären?

Ist die Gefahr eines dritten Weltkriegs im 21. Jahrhundert endgültig gebannt? Wer weiss es schon? Was sollte Demagogen aller Couleur, Fanatiker jedweder Ideologie, an die Macht geschwemmte Diktatoren oder auch nur durchgedrehte Politiker daran hindern, ihn abermals vom Zaun zu brechen?

Unmittelbar vor 1914 sah der in die USA ausgewanderte britische Journalist und spätere Friedensnobelpreisträger Norman

Angell in seinem Bestseller *The Great Illusion* jedwede Kriegsgefahr durch die globale Vernetzung in Handel, Finanzen und Kommunikation für immer gebannt. Darauf berief sich Professor David Starr Jordan, Gründungspräsident der Stanford Universität und Direktor der World Peace Foundation: Banker würden kein mehr Geld für einen grossen Krieg auftreiben, die Industrie ihn nicht in Gang halten, Staatsmänner hätten keine Wahl.

Pustekuchen! Zunächst genügte allein schon die Angst der massgeblichen Regenten europäischer Mächte voreinander, um den Ersten Weltkrieg auszulösen. Auch hernach vermochten weder internationaler Handel und Wandel noch das grosse Geld, die Lenins, Hitlers, Stalins, Maos und Pol Pots daran zu hindern, ihr martialisches Unwesen und Millionen ihrer Zeitgenossen in den Tod zu treiben. An dem, was da so alles passiert war, hatten die Hinterbliebenen das halbe Jahrhundert hindurch schwer zu tragen, ihres Standorts wegen manche gleich noch ein gehöriges Stück der zweiten Hälfte dazu.

Der jetzt in die Jahre kommenden Generation war ein eher erfreuliches Umfeld beschieden. Sie und ihre Nachkommen mögen sich als Kulturpessimisten – auch Apostel der Nachhaltigkeit – verunglimpfen lassen oder dem Mainstream hochgelobter Fortschrittsoptimisten angeschlossen haben, je nach Realitätssinn oder Bauchgefühl.

Dem geneigten Leser bleibe überlassen, den Autor dieser Parodie der einen oder anderen Spezies zuzuordnen. Zu seiner Entlastung macht er geltend, sich für die Entwicklung der nächsten Jahrzehnte vom Gefühl habe leiten lassen. Weil da noch die Gutmenschen das Sagen haben werden, führt es eher bergab – Political Correctness lässt herzlich grüssen.

Gustav Jost, der fiktive Schweizer Diplomat, läutet mit der Lösung des Nahostkonfliktes eine wenigstens theoretisch denkbare Epoche ein, wider alle Ressentiments realistisch, ohne Schrecken, jedermann zumutbar – für Otto Normalverbraucher nahezu paradiesisch. Man ist sich schliesslich selbst der Nächste und wer das Gegenteil behauptet, lügt oder macht sich zumindest etwas vor.